O homem
mais feliz
do mundo

Eddie Jaku

O homem mais feliz do mundo

TRADUÇÃO DE BRUNO CASOTTI

Copyright © Eddie Jaku 2020
Publicado originalmente na Austrália, em 2020, pela Pan Macmillan Australia Pty Ltd.

TÍTULO ORIGINAL
The Happiest Man on Earth

PREPARAÇÃO
Ilana Goldfeld

REVISÃO
Isabela Pery
Iuri Pavan
Júlia Ribeiro
Milena Vargas

PROJETO GRÁFICO E DIAGRAMAÇÃO
Julio Moreira | Equatorium Design

DESIGN DE CAPA
Laura Thomas

FOTO DE CAPA
Tim Bauer

ADAPTAÇÃO DE CAPA
Henrique Diniz

CIP-BRASIL. CATALOGAÇÃO NA PUBLICAÇÃO
SINDICATO NACIONAL DOS EDITORES DE LIVROS, RJ

J26h

Jaku, Eddie, 1920-
O homem mais feliz do mundo / Eddie Jaku ; tradução Bruno Casotti. - 1. ed. - Rio de Janeiro : Intrínseca, 2021.
224 p. ; 21 cm.

Tradução de: The happiest man on Earth
ISBN 978-65-5560-248-7

1. Jaku, Eddie, 1920-. 2. Crianças judias no holocausto - Biografia - Alemanha. 3. Refugiados judeus - Biografia - Alemanha. I. Casotti, Bruno. II. Título.

21-70343 CDD: 940.5343092
CDU: 929:94(100)"1939-1945"

Meri Gleice Rodrigues de Souza - Bibliotecária - CRB-7/643

[2021]
Todos os direitos desta edição reservados à
Editora Intrínseca Ltda.
Av. das Américas, 500, bloco 12, sala 303
22640-904 – Barra da Tijuca
Rio de Janeiro — RJ
Tel./Fax: (21) 3206-7400
www.intrinseca.com.br

Para as futuras gerações

Não caminhe atrás de mim, eu talvez não guie.
Não caminhe à minha frente, eu talvez não acompanhe.
Caminhe ao meu lado e seja meu amigo.

ANÔNIMO

PRÓLOGO

Meu querido novo amigo.

Estou vivo há um século e sei o que é olhar o mal na cara. Vi o pior da humanidade, os horrores dos campos da morte, os esforços dos nazistas para exterminar minha vida e a de todo o meu povo.

Mas hoje me considero o homem mais feliz do mundo.

Ao longo de todos esses anos, aprendi o seguinte: a vida pode ser bela se você a torna bela.

Vou lhe contar minha história. Algumas partes dela são tristes, com muita escuridão e muita dor. Mas é uma história feliz no fim, porque felicidade é algo que podemos escolher. Cabe a você.

Vou lhe mostrar como.

CAPÍTULO 1

Há muitas coisas mais preciosas do que o dinheiro.

Eu nasci em 1920, em uma cidade chamada Leipzig, na Alemanha Oriental. Meu nome era Abraham Salomon Jakubowicz, mas meus amigos me chamavam de Adi. Em inglês, pronuncia-se Eddie. Portanto, por favor, me chame de Eddie, meu amigo.

Éramos uma família afetuosa, uma grande família. Meu pai, Isidore, tinha quatro irmãos e três irmãs, e minha mãe, Lina, era uma de treze filhos. Imagine a força de minha avó, que criou tantas crianças! Ela perdeu um filho na Primeira Guerra Mundial, um judeu que sacrificou a vida pela Alemanha, assim como seu marido (meu avô), um capelão do Exército que nunca voltou da guerra.

Meu pai tinha grande orgulho de ser cidadão alemão, pois era um imigrante da Polônia que se estabeleceu na Alemanha. Deixou seu país natal como aprendiz de engenharia mecânica fina na empresa Remington, fabricante

O homem mais feliz do mundo

de máquinas de escrever. Como falava bem alemão, acabou indo para os Estados Unidos, trabalhando a bordo de um navio mercante alemão.

Ele se destacou em seu ramo nos EUA, mas sentia falta da família e decidiu voltar à Europa em outro navio alemão para uma visita... Ao chegar, acabou sendo apanhado pela Primeira Guerra Mundial. De posse do seu passaporte polonês, foi detido pelos alemães como estrangeiro ilegal. O governo alemão, porém, reconheceu que ele era um mecânico habilidoso e lhe permitiu deixar a detenção para trabalhar em uma fábrica em Leipzig, fazendo armas pesadas para o esforço de guerra. Nessa época, ele se apaixonou por Lina e pela Alemanha, e permaneceu no país depois da guerra. Abriu uma fábrica em Leipzig, casou-se com minha mãe, e logo eu nasci. Dois anos depois, recebemos minha irmãzinha Johanna. Nós a chamávamos de Henni.

Nada podia abalar o patriotismo e o orgulho de meu pai pela Alemanha. Nós nos considerávamos, em primeiro lugar, alemães; em segundo, alemães, e só depois judeus. Nossa religião não nos parecia tão importante quanto sermos bons cidadãos de nossa Leipzig. Praticávamos nossas tradições e celebrávamos nossos feriados, mas lealdade e amor tínhamos mesmo pela Alemanha. Eu tinha orgulho de ser de Leipzig, que, havia oitocentos anos, era um centro de arte e cultura: possuía uma das orquestras sinfônicas mais antigas do mundo e inspirou Johann Sebastian Bach, Clara Schumann, Felix Mendelssohn, escritores, poetas e filósofos como Goethe, Leibniz, Nietzsche e muitos outros.

Durante séculos, os judeus fizeram parte do tecido da sociedade local. Desde os tempos medievais, o grande dia do mercado era sexta-feira, não sábado, para permitir que os mercadores judeus participassem, já que o trabalho é proibido no sábado, o Shabat judeu. Proeminentes cidadãos e filantropos judeus contribuíram para o bem público, assim como para a comunidade judaica, supervisionando a construção de algumas das sinagogas mais bonitas da Europa. A harmonia fazia parte da vida. E era uma vida muito boa para uma criança. A cinco minutos de casa, a pé, tínhamos o Jardim Zoológico, famoso no mundo inteiro por sua coleção e por criar mais leões em cativeiro do que qualquer outro lugar do mundo. Você consegue imaginar como isso era impressionante para um menino pequeno?

Duas vezes por ano, havia imensas feiras de comércio, às quais meu pai me levava; essas feiras tinham tornado Leipzig uma das cidades mais cultas e ricas da Europa. Sua localização e sua importância como cidade comercial a tornaram um centro de disseminação de tecnologias e ideias inovadoras. Sua universidade, a segunda mais antiga da Alemanha, foi fundada em 1409. O primeiro jornal diário do mundo começou a ser publicado em Leipzig, em

1650. Uma cidade de livros, de música, de ópera. Quando criança, eu de fato acreditava que fazia parte da sociedade mais evoluída, mais culta, mais sofisticada — e certamente mais instruída — do planeta inteiro. E estava muito errado.

Embora eu não fosse pessoalmente muito religioso, íamos à sinagoga com frequência. Mantínhamos uma cozinha e dieta kosher por causa de minha mãe, que queria fazer tudo da forma mais tradicional possível para agradar a mãe, minha avó, que morava conosco e era muito religiosa. Toda noite de sexta-feira, nós nos reuníamos para o jantar do *Shabbos* (Shabat), para fazer nossas preces e comer refeições tradicionais preparadas com carinho por minha avó. Ela cozinhava em um fogão a lenha enorme, que também servia para aquecer a casa. Um engenhoso sistema de tubulação passava pelos cômodos para que o calor excedente não fosse desperdiçado e a fumaça fosse levada para fora de forma segura. Quando chegávamos em casa congelados, nós nos sentávamos em almofadas ao lado desse fogão para nos aquecermos. Eu tinha um cachorro, uma filhotinha de *dachshund* chamada Lulu, que se enroscava em meu colo nas noites frias. Eu adorava aquelas noites.

Meu pai trabalhava duro para nos sustentar, e levávamos uma vida confortável. Mas ele fazia questão de que entendêssemos que a vida era muito mais do que coisas materiais. Toda sexta-feira à noite, antes do jantar do

Shabbos, minha mãe assava três ou quatro tranças de *chalá*, o delicioso pão usado em cerimônias religiosas, feito de ovos e farinha, que comíamos em ocasiões especiais. Quando eu tinha seis anos, perguntei a meu pai por que assávamos tantos pães se éramos uma família de quatro membros, e ele explicou que levava os outros à sinagoga, para dar aos judeus necessitados. Ele adorava a família e os amigos. Sempre trazia amigos para jantar conosco em casa, embora minha mãe batesse o pé e dissesse que não dava para ter mais de cinco pessoas por vez, pois não havia como apertar mais gente ao redor da mesa.

"Se você tem sorte o bastante para ter dinheiro e uma boa casa, pode ajudar aqueles que não têm", dizia-me ele. "A vida é isso. É compartilhar sua boa sorte." Meu pai me contava que há mais prazer em dar do que em receber, que as coisas importantes na vida (amigos, família, bondade) são muito mais preciosas do que o dinheiro. Um homem vale mais do que sua conta bancária. Na época, eu achava que ele era louco, mas agora, depois de tudo que vi nessa vida, sei que estava certo.

Mas havia uma nuvem sobre o cenário de nossa família feliz. A Alemanha passava por dificuldades. Havíamos perdido a última guerra, e a economia estava arruinada. As potências aliadas vitoriosas exigiam mais dinheiro em reparações do que a Alemanha podia pagar, e 68 milhões de pessoas estavam sofrendo por isso. Havia escassez de alimentos e combustível e uma pobreza desenfreada, sentida de forma aguda pelo orgulhoso povo alemão. Embora fôssemos uma família de classe média com uma vida confortável, não era possível encontrar muitos itens necessários, mesmo para quem tinha dinheiro em espécie. Minha mãe caminhava muitos quilômetros até o mercado para trocar bolsas e roupas que reunira em tempos mais fartos por ovos, leite, manteiga ou pão. No meu aniversário de treze anos, meu pai me perguntou o que eu queria, e pedi seis ovos, um pão branco (algo difícil de encontrar, porque os alemães preferem pão de centeio) e um abacaxi. Eu não conseguia imaginar nada mais impressionante do que seis ovos e nunca tinha visto um abacaxi. E, de alguma forma, ele arranjou um... Não faço a menor ideia de como, mas meu pai era assim. Ele fazia coisas que pareciam impossíveis só para pôr um sorriso em meu rosto. Fiquei tão empolgado que comi todos os seis ovos e o abacaxi inteiro de uma só vez. Eu nunca experimentara uma comida tão magnífica. Mamãe me avisou para ir com calma, mas eu a ouvi? Não!

A inflação era terrível, o que tornava impossível estocar alimentos não perecíveis ou fazer planos para o futuro. Meu pai chegava em casa, vindo do trabalho, com uma valise cheia de dinheiro que na manhã seguinte não teria valor. Ele me mandava à loja e dizia: "Compre o que puder! Se houver seis pães, compre todos eles! Amanhã não teremos nada!" Mesmo para os afortunados, a vida estava muito difícil, e os alemães se sentiam humilhados e irritados. As pessoas ficaram desesperadas e receptivas a qualquer solução. O partido nazista e Hitler prometeram uma solução ao povo alemão. E lhes ofereceram um inimigo.

Em 1933, quando Hitler chegou ao poder, trouxe consigo uma onda de antissemitismo. Meu aniversário de treze anos foi naquele ano, e nossa tradição determinava a celebração do meu bar-mitzvá, uma antiga cerimônia religiosa para celebrar a chegada à vida adulta. O bar-mitzvá, que significa "filho do mandamento", em geral é acompanhado de uma festa esplêndida, com comida deliciosa e dança. Em outros tempos, teria sido realizado na grandiosa Sinagoga de Leipzig, mas isso não era permitido depois do início do regime nazista. Em vez disso, meu bar-mitzvá foi celebrado em uma pequena sinagoga a trezentos metros da nossa casa. O rabino que dirigia a nossa *shul* (outro nome para sinagoga, literalmente "casa de livros") era muito esperto. Ele alugou o apartamento abaixo da sinagoga para um gentio que tinha um filho na SS. Quando os ataques antissemitas começaram, esse filho gentio sempre assegurava que guardas protegessem o apartamento e, portanto, a *shul* acima. Se quisessem destruir a *shul*, teriam que destruir a casa desse homem também.

Realizamos a cerimônia religiosa com velas acesas e preces por minha família e por aqueles que haviam falecido. Depois da cerimônia, eu era considerado um homem pela tradição judaica, responsável por meus atos. Comecei a pensar no meu futuro.

Quando eu era muito pequeno, queria ser médico, mas não era aí que residiam meus talentos. Na Alemanha, tínhamos centros para os quais estudantes eram enviados a fim de descobrir suas aptidões por meio de uma série de testes de memória e habilidade manual. A partir disso, decidiram que meus talentos eram óticos e matemáticos e que eu tinha uma excelente vista e coordenação óculo-manual. Eu seria um bom engenheiro, então foi isso que decidi estudar.

Eu frequentava uma escola muito boa, em um prédio bonito chamado 32 Volkschule. Ficava a um quilômetro de casa, e eu levava só quinze minutos a pé até lá. Exceto no inverno! Leipzig é uma cidade muito fria, e, durante oito meses do ano, o rio ficava congelado. Nessa época dava para patinar sobre sua superfície e chegar à escola em cinco minutos.

Em 1933, eu estava prestes a começar o ensino médio. Iria para o Leibniz Gymnasium. Se a história tivesse tomado um rumo diferente, eu teria estudado ali até os 18 anos, mas não foi isso que aconteceu.

Um dia, cheguei à escola e fui informado de que não podia mais frequentá-la: estava sendo expulso por ser judeu. Isso era inaceitável para meu pai, um homem obstinado que conhecia gente influente em Leipzig e que logo bolou um plano para minha educação. "Não se preocupe", disse ele. "Você continuará seus estudos. Vou garantir que isso aconteça."

Foram providenciados documentos falsos para mim, e, com a ajuda de um amigo da família, fui matriculado na Jeter und Shearer, uma escola de engenharia mecânica em Tuttlingen, mais para o sul de Leipzig. Na época, a região era o epicentro da tecnologia de engenharia no mundo, abastecendo o planeta com mecânica de precisão. Faziam todos os tipos de máquinas incríveis, instrumentos médicos complexos e maquinaria industrial. Eu me lembro de ver uma máquina em que um frango entrava em uma extremidade da esteira rolante e saía na outra depenado, lavado e embrulhado. Era incrível! E eu aprenderia a produzir essas máquinas, com o melhor ensino de engenharia possível no mundo. Para entrar, tive que fazer uma série de exames, e fiquei tão nervoso que precisei ter o cuidado de enxugar o suor da testa para que não caísse sobre o papel e o estragasse. Fiquei muito ansioso, temendo decepcionar meu pai.

Fui matriculado sob o nome falso de Walter Schleif, um órfão alemão gentio que tinha menos a temer com a nomeação de Hitler como chanceler alemão. Walter Schleif era a identidade de um menino alemão que existira de verdade, mas desaparecera. É muito provável que sua família tenha partido discretamente da Alemanha no começo da ascensão nazista. Meu pai obteve a carteira de identidade dele e conseguiu modificá-la, tornando-a uma falsificação convincente o bastante para enganar o governo. As carteiras de identidade alemãs na época tinham fotos pequeninas inseridas no papel, que só podiam ser vistas com uma luz infravermelha especial. A falsificação tinha que ser muito bem feita, mas a vocação de meu pai para máquinas de escrever significava que ele tinha acesso às ferramentas e à técnica necessária.

Com esses documentos, pude começar uma nova vida e obter uma vaga na escola, onde comecei a estudar engenharia mecânica. Levava nove horas de trem, saindo de Leipzig, para chegar lá. Eu tinha que cuidar de mim, de minhas roupas, de meus estudos, e precisava manter meu segredo a todo custo. Ia à escola todos os dias e dormia à noite em um orfanato próximo, um dormitório com meninos bem mais velhos. Em troca do meu trabalho como aprendiz, eu recebia um pequeno salário, que usava para comprar roupas e outras coisas essenciais.

Era uma existência solitária, ser Walter Schleif. Eu não podia dizer a ninguém quem eu de fato era, não podia confiar em ninguém... Fazer isso significaria revelar minha identidade de judeu e me colocar em perigo. Eu tinha que tomar mais cuidado ainda nos banheiros e no chuveiro, pois, se algum menino notasse que eu era circuncidado, seria o fim para mim.

Havia pouco contato com minha família. Escrever cartas não era seguro, e, para ligar para eles, eu tinha que ir até um telefone no porão de uma loja de departamento, fazendo uma rota longa e complicada para me assegurar de que não estava sendo seguido. Nas raras ocasiões em que pude falar com meus parentes, isso partiu meu coração. Não consigo explicar a dor de ser um jovem tão longe de casa, diante da única possibilidade de garantir uma educação e o futuro que meu pai queria para mim. Mas, por mais que fosse difícil estar longe de minha família, teria sido pior decepcioná-los.

Contei a meu pai o quanto estava solitário sem eles, e ele me incentivou a ser forte. "Eddie, eu sei que é muito difícil, mas um dia você vai me agradecer", dizia ele. Mais tarde eu soube que, embora fosse severo comigo, assim que desligava o telefone, ele começava a chorar como um bebê. Estava se fazendo de corajoso para me ajudar a ser corajoso.

E ele estava certo. Se não fosse o que aprendi naquela escola, eu jamais teria sobrevivido ao que estava por vir.

Cinco anos se passaram. Cinco anos de trabalho incessante e solidão.

Não sei se consigo explicar como é fingir ser alguém que você não é dos treze anos e meio aos dezoito. Foi um fardo terrível carregar esse segredo por tanto tempo. Não houve um momento em que eu não sentisse falta de minha família, mas entendi que meus estudos eram importantes e persisti. Foi um sacrifício terrível e longo, mas ganhei muito com minha educação.

Nos últimos anos como aprendiz, trabalhei em uma empresa responsável por fabricar equipamentos de raios-X muito precisos. Além do lado técnico e teórico de minha formação, eu devia demonstrar capacidade de trabalhar duro e com competência na nova profissão. Era o que eu fazia o dia inteiro, e então ia à escola à noite. Quarta-feira era o único dia em que não trabalhava e podia me dedicar por completo aos estudos.

Apesar da solidão, eu adorava o aprendizado. Os mestres com os quais eu estudava eram algumas das mentes mais brilhantes do mundo. Aparentemente, eles conseguiam fazer qualquer coisa com suas ferramentas, desde as mais diminutas engrenagens até máquinas gigantes na vanguarda da tecnologia. Tudo isso me parecia um milagre. A Alemanha estava na dianteira de uma revolução tecnológica e industrial que prometia melhorar a qualidade de vida de milhões de pessoas, e eu estava bem na frente daquilo.

Em 1938, logo após meu aniversário de dezoito anos, fiz as provas finais. Fui escolhido como o melhor aprendiz do ano em minha escola e convidado a ingressar no sindicato. Os sindicatos da Alemanha na época não eram os mesmos que você encontra na sociedade atual. Tinham menos a ver com negociar condições de trabalho e salários e mais com o que a pessoa era capaz de fazer na prática. Naquele tempo, você só era convidado a ingressar se fosse bom mesmo em sua profissão, o melhor em sua área. Era um lugar para os melhores cérebros do setor se reunirem e cooperarem em prol do avanço da ciência e da indústria. Dentro de um sindicato, preocupações com classe e credo não tinham importância alguma perto do prestígio do trabalho em si. Para mim, foi de fato uma grande honra ser admitido tão jovem.

Na cerimônia, fui chamado à frente de todos para receber a comenda do mestre do Sindicato de Engenharia de Precisão, que vestia a tradicional e alinhada beca azul com elaborado colarinho de renda.

"Hoje, aceitamos o aprendiz Walter Schleif em um dos melhores sindicatos da Alemanha", anunciou o mestre. Desatei a chorar. O mestre me sacudiu. "O que há de errado com você? Este é um dos melhores dias da sua vida! Você devia estar orgulhoso!"

Mas eu estava inconsolável. Sentia-me muito triste por meus pais não poderem estar ali para assistir. Queria muito que eles vissem o que eu conquistara... E queria também que meu mestre entendesse que eu não era o pobre órfão Walter Schleif. Que eu era Eddie Jaku, que eu tinha uma família que me amava e que me doía muito estar longe deles.

Valorizo muito todo o conhecimento que aqueles anos me deram, mas sempre lamentarei o tempo passado longe de minha família. Meu pai era mesmo sábio quando me dizia que a vida vale mais do que uma conta bancária. Há muitas coisas neste mundo que dinheiro algum compra, e algumas são de valor inestimável. Primeiro, a família; em segundo lugar, a família; e, depois, a família.

CAPÍTULO 2

Fraqueza pode se transformar em ódio.

Cometi o maior erro de minha jovem vida em 9 de novembro de 1938.

Depois que me formei, aceitei um trabalho fazendo instrumentos médicos de precisão e fiquei em Tuttlingen por vários meses. Era o aniversário de vinte anos de casamento de meus pais, e resolvi surpreendê-los com uma visita. Comprei uma passagem e fiz a viagem de nove horas de trem até a cidade onde nasci. Pela janela, vi passarem os campos e as florestas da Alemanha.

Nos confins protegidos da escola, eu não tivera acesso algum a jornais ou rádio. Não tinha a menor ideia do que acontecera no país que eu tanto amava, nem da crescente nuvem de antissemitismo que se instalara sobre a terra.

Cheguei e encontrei a casa escura e trancada. Minha família desaparecera. Eu não sabia que eles haviam partido em busca de um esconderijo, acreditando que eu estava longe e em segurança. Eu ainda tinha minha chave, senão teria que dormir na sarjeta. Abri a porta, e ali estava minha *dachshund*, Lulu. Na mesma hora, ela saltou e lambeu minhas pernas. Estava feliz, e eu também.

Fiquei muito preocupado com minha família. Não fazia sentido para mim que eles tivessem saído no meio da noite. Mas eu estava muito cansado e de volta à cama de minha infância depois de cinco anos fora. Não parecia possível que algo ruim pudesse me acontecer ali.

Deitei-me e fiquei ouvindo ao longe barulhos na rua. Não fazia a menor ideia do que estava acontecendo, de que, do outro lado da cidade, sinagogas estavam sendo queimadas. Por fim, exausto, adormeci.

Acordei às cinco da manhã ao som da porta sendo aberta a chutes. Dez nazistas invadiram a casa, arrancaram-me da cama e, juro, espancaram-me até quase me matar. Meu pijama logo ficou ensopado de sangue. Um deles pegou a baioneta, cortou minha manga e começou a entalhar uma suástica em meu braço. No primeiro corte, minha cachorrinha saltou na direção dele. Não sei se o mordeu ou só o assustou, mas o nazista me soltou e, usando a baioneta, apunhalou e matou minha pobre Lulu, gritando: "*Ein Juden Hund!*" Cachorro judeu.

Pensei: "Eddie, este é o último dia da sua vida. Hoje você vai morrer."

Mas eles não estavam ali para me matar, apenas para me bater e me humilhar. Depois do primeiro ataque, eles me arrastaram para a rua e me fizeram testemunhar a destruição de nossa casa de duzentos anos, o lar onde gerações de minha família haviam crescido. Naquele momento, perdi a dignidade, a liberdade e a fé na humanidade. Perdi tudo pelo qual vivia. Fui reduzido de homem a nada.

Aquela noite agora é conhecida como a *Kristallnacht*, a Noite dos Cristais, assim chamada por causa dos cacos de vidro que encheram as ruas depois que lojas de judeus, casas e sinagogas foram saqueadas pelos camisas-pardas, a força paramilitar nazista. As autoridades alemãs nada fizeram para impedir isso.

Naquela noite, alemães civilizados cometeram atrocidades por toda Leipzig, por todo o país. Quase toda casa e negócio judeu em minha cidade foi vandalizado, queimado ou destruído de alguma outra forma, assim como nossas sinagogas. Assim como nosso povo.

Não foram apenas soldados nazistas e criminosos fascistas que se voltaram contra nós. Cidadãos comuns, nossos amigos e vizinhos desde antes de eu nascer, participaram da violência e dos saques. Quando a multidão acabou de destruir as propriedades, cercou os judeus (muitos deles crianças pequenas) e os jogou no rio onde eu patinava na infância. O gelo estava fino, e a água, congelante. Homens e mulheres com os quais eu crescera ficaram às margens do rio, cuspindo e zombando enquanto as pessoas se debatiam na água.

"Atirem neles!", gritaram. "Atirem nos cães judeus!"

O que acontecera com meus amigos alemães para que se tornassem assassinos? Como é possível criar inimigos a partir de amigos, gerar tanto ódio? Onde estava a Alemanha da qual eu me orgulhava tanto de fazer parte, o país em que nasci, o país de meus ancestrais? Em um dia, éramos amigos, vizinhos, colegas; no outro, diziam-nos que éramos inimigos mortais.

Quando penso naqueles alemães se deleitando com a nossa dor, tenho vontade de lhes perguntar: "Vocês têm alma? Vocês têm coração?" Aquilo foi uma loucura, no verdadeiro sentido da palavra: pessoas a princípio civilizadas perderam por completo a capacidade de diferenciar o certo do errado. Cometeram atrocidades terríveis e, pior, gostaram disso. Pensaram que estavam fazendo a coisa certa. Nem os que não conseguiam enganar a si mesmos a ponto de acreditar que nós, judeus, éramos o inimigo fizeram algo para impedir a multidão.

Se as pessoas tivessem se manifestado na *Kristallnacht* e interferido, dizendo "Chega! O que vocês estão fazendo? O que há de errado com vocês?", o curso da história teria sido diferente. Mas elas não fizeram nada. Estavam assustadas. Foram fracas. E sua fraqueza permitiu que fossem manipuladas rumo ao ódio.

Quando me puseram em um caminhão para me levar, o sangue se misturando às lágrimas em meu rosto, deixei de ter orgulho de ser alemão. Nunca mais.

CAPÍTULO 3

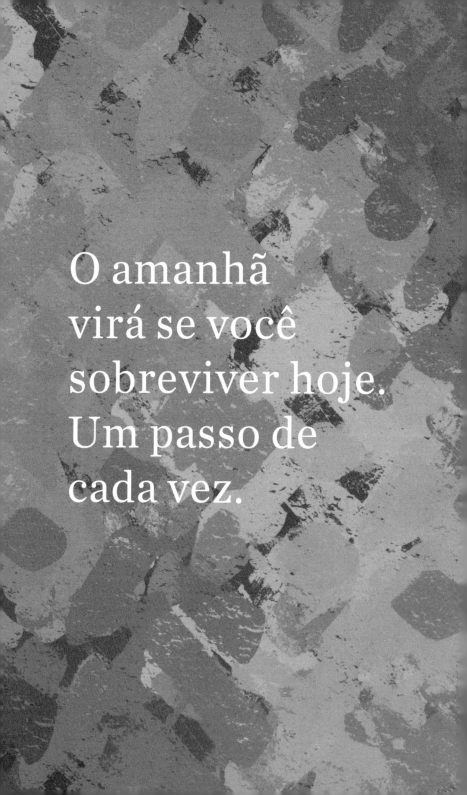

O caminhão me levou para o Jardim Zoológico, onde fiquei detido em um hangar com outros rapazes judeus. Quando cheguei, havia mais ou menos trinta. Durante a noite, os criminosos arrastaram mais de nós ali para dentro, e, quando chegamos a 150, puseram-nos em outro caminhão. Enquanto seguíamos, os outros passageiros me contaram sobre o desastre da *Kristallnacht*, sobre os saques, sobre o incêndio nas sinagogas. Fiquei em choque, apavorado, preocupado com minha família. Na época, nenhum de nós entendia que aquilo era apenas o começo do pesadelo. Havia coisas muito piores por vir quando o caminhão deixou a cidade e fomos transportados para o campo de concentração de Buchenwald.

Os criminosos nazistas haviam me espancado tanto que, quando cheguei a Buchenwald, machucado e ensanguentado, o comandante entrou em pânico e fez com que os guardas me levassem ao hospital mais próximo, a 38 quilômetros. Eles me deixaram ali por dois dias, sem vigilância, enquanto eu me recuperava dos ferimentos sob os cuidados de enfermeiras alemãs. Perguntei a uma delas o que aconteceria se eu fugisse, e ela me olhou com tristeza.

"Você tem pai e mãe?", perguntou.

"É claro."

"Se tentasse fugir, eles encontrariam seus pais e os enforcariam quinze minutos depois de você sair por aquela porta."

Isso afastou todos os pensamentos sobre fuga de minha cabeça. Eu não tinha a menor ideia do que acontecera a meus pais: teriam fugido de Leipzig antes de os nazistas chegarem? Teriam encontrado segurança com um amigo ou parente? Ou teriam sido aprisionados em outro lugar na Alemanha? Eu não sabia, e meu temor e minha preocupação me mantiveram prisioneiro com tanta eficiência quanto os guardas. Assim que me recuperei o suficiente para não estar mais às portas da morte, o hospital telefonou para o campo de Buchenwald, e guardas nazistas apareceram para me levar de volta.

Quando fui entregue em Buchenwald, a princípio fiquei aliviado. Eu recebera atenção médica e estava cercado de outros alemães, em sua maioria civilizados, profissionais de classe média. Cheguei a me tornar amigo de alguns de meus colegas prisioneiros. Meu melhor amigo ali era Kurt

Hirschfeld, um jovem judeu alemão de Berlim que fora preso na *Kristallnacht*. Por causa de tudo isso, achei que talvez estivesse em segurança. Mas estava errado.

Buchenwald era o maior campo de concentração dentro do território alemão. Seu nome se devia à floresta de faias que havia nas proximidades, conhecida depois como Floresta Cantante, por causa dos gritos dos prisioneiros que ressoavam quando eles eram torturados ali.

Os primeiros prisioneiros eram comunistas, recolhidos em um dos primeiros expurgos nazistas, em 1937, e foram seguidos por muitas outras pessoas consideradas sub-humanas pelos nazistas: prisioneiros políticos, eslavos, maçons e judeus.

Quando chegamos, o campo não estava preparado para o número de prisioneiros que teria de manter. Não havia dormitórios nem alojamentos montados, então nos reuniram dentro de uma tenda gigante, onde dormimos no chão até conseguirem resolver a questão da acomodação. Em determinado momento, 1.200 homens tchecos foram abrigados no que havia sido um estábulo para oitenta cavalos. Dormiam cinco em um beliche. Eles juntavam as camas e deitavam na transversal, como sardinhas em lata. As condições eram tão ruins que doenças e inanição eram inevitáveis.

A história relembra os horrores dos campos de concentração do Terceiro Reich, e as imagens são bem conhecidas: judeus em estado de inanição, torturados, traumatizados após a desumanidade da perseguição que sofreram. Mas, quando cheguei, tudo isso ainda estava por vir. No início, não sabíamos do que nossos captores eram capazes. Quem poderia ter imaginado?

Não conseguíamos entender por que havíamos sido recolhidos e aprisionados. Não éramos criminosos. Éramos bons cidadãos, trabalhadores, alemães comuns com empregos e animais de estimação, e amávamos nossas famílias e nosso país. Tínhamos orgulho do modo como nos vestíamos e de nossos status na sociedade, usufruindo de música e literatura, bons vinhos e cervejas e três refeições substanciais por dia.

Agora, a refeição padrão era uma tigela com arroz e carne ensopada. Era possível diferenciar os prisioneiros políticos importantes pelas correntes maciças que eram obrigados a usar, prendendo os tornozelos aos punhos. As correntes eram tão curtas e maciças que eles não conseguiam ficar retos quando comiam, tinham que se curvar sobre os pratos. Não recebíamos colher, então só nos restava comer com as mãos. Isso não seria tão ruim se as condições não fossem tão insalubres. Não tínhamos papel higiênico e precisávamos limpar o traseiro com qualquer trapo que encontrássemos, ou com as mãos. Também não havia vaso sanitário de verdade. Em vez disso, usávamos um fosso gigante como latrina, uma vala comprida. E éramos forçados a ir ao mesmo tempo que mais outros 25 homens. Você pode imaginar a cena? Vinte e cinco homens (médicos, advogados, acadêmicos) equilibrando-se com cuidado sobre duas tábuas de madeira para se aliviar sobre um fosso cheio de dejetos humanos.

Meu amigo, como explicar o quanto tudo aquilo era surreal e horrível? Eu não conseguia entender o que acontecera. Ainda não entendo, não mesmo. Acho que nunca entenderei.

Éramos uma nação que prezava a lei acima de tudo, uma nação em que as pessoas não jogavam lixo no lugar errado por causa das inconveniências de ter ruas sujas. Você podia ser multado em duzentos marcos por jogar uma bituca de cigarro pela janela do carro. E agora era aceitável e incentivado que as pessoas nos batessem. Éramos espancados pelas menores infrações. Certa manhã, o alarme tocou, mas não acordei a tempo para a contagem e fui açoitado. Outra vez, fui surrado com um cassetete de borracha porque minha camisa estava para fora da calça.

Todas as manhãs, os nazistas faziam um jogo terrível. Eles abriam os portões e deixavam entre duzentas a trezentas pessoas saírem. Quando os pobres coitados haviam percorrido trinta ou quarenta metros, as metralhadoras começavam, abatendo-os como animais. Os guardas despiam os corpos, punham-nos em sacos e os enviavam para casa com uma carta dizendo: "Seu marido/irmão/filho tentou fugir e morreu no processo." A prova seria a bala nas costas. Era assim que os canalhas resolviam o problema de superpopulação em Buchenwald.

Otto von Bismarck, o primeiro chanceler da Alemanha unificada, certa vez alertou ao mundo para que ficasse atento ao povo alemão. Com um bom líder, eles eram a maior nação de todas. Com um líder ruim, eram monstros. Para os guardas que nos perseguiam, a disciplina era mais importante que o bom senso. Se dizem a um soldado para marchar, ele marchará. Se lhe mandam atirar em um homem pelas costas, ele o fará e nunca questionará se é certo ou errado. Os alemães transformaram a lógica em uma religião, e isso os tornou assassinos.

Logo, muitos consideraram a morte como uma alternativa melhor do que a vida em Buchenwald. Conheci um dentista, dr. Cohen, que foi tão espancado pela SS que seu estômago rompeu e ele começou a sofrer uma morte lenta e agonizante. Ele pagou cinquenta marcos, o salário de uma semana, por uma lâmina de barbear contrabandeada. Homem da ciência, calculou as exatas artérias que precisaria cortar e quanto tempo demoraria para morrer. Elaborou um plano de sentar na latrina, bem no meio, no momento exato para que tivesse dezessete minutos antes de um guarda encontrá-lo, o tempo que ele calculara precisar para perder sangue suficiente para morrer. Então, ele cairia dentro da latrina e não conseguiriam tirá-lo dali, do contrário iriam retirá-lo, suturá-lo, puni-lo e dizer-lhe: "Você morre quando quisermos que morra. Não antes." Esse pobre homem teve êxito em sua missão sinistra: escapou dos nazistas nos próprios termos.

Esta era a Alemanha em 1938: completamente transformada, sem qualquer moral, respeito ou decência humana. Mas nem todos os alemães eram desarrazoados.

Um dos primeiros soldados nazistas que vi depois de chegar a Buchenwald era um rosto familiar, um homem da minha pensão na época em que eu estudava engenharia. Seu nome era Helmut Hoer, e ele sempre fora simpático comigo quando eu vivia sob a identidade falsa de Walter Schleif.

"Walter!", disse ele. "O que você está fazendo aqui?"

"Eu não sou Walter", respondi. "Sou Eddie."

Cuspi em seu sapato, disse-lhe o quanto estava chocado e quem eu de fato era. Que eu não podia acreditar que esse homem, antes um amigo, um bom homem, era agora guarda da SS.

Pobre Helmut... Ele não sabia que eu era judeu. Eu nunca tinha visto alguém tão confuso e em pânico. Ele disse que queria me ajudar, que não podia me deixar fugir, mas faria o que desse. Foi até o comandante do campo e lhe disse que eu era um bom homem e um ferramenteiro excepcional. Os nazistas precisavam de ferramenteiros.

O Terceiro Reich estava se preparando para *Der totale Krieg*, a guerra total contra o mundo. Nela, não havia diferença entre soldado e civil, culpado e inocente, Forças Armadas e indústria. A sociedade alemã estava sendo reorganizada por completo para fabricar armas de guerra, portanto qualquer pessoa que tivesse alguma *expertise* em maquinaria ou manufatura era considerada um potencial recurso para o esforço de guerra. Pouco depois de Helmut testemunhar a meu favor, fui convocado ao escritório do comandante. Perguntaram-me se eu queria trabalhar para eles.

"Sim."

"Pelo resto da vida?"

"Sim."

Não custava nada dizer sim. Os judeus haviam se tornado o bode expiatório, como aconteceu de tempos em tempos ao longo dos séculos, mas o anseio por dinheiro e produtividade do Terceiro Reich ainda era mais forte que a insanidade do puro ódio. Estávamos presos, mas, se o Estado alemão podia lucrar conosco, ainda éramos úteis para eles.

Fizeram-me assinar um contrato de emprego e uma declaração afirmando que eles cuidaram bem de mim, que haviam me alimentado e que meu período no campo fora confortável, e então traçaram planos para me transferir. Como parte do acordo, permitiram que meu pai me apanhasse em Buchenwald e me levasse para casa a fim de que eu passasse algumas horas com minha mãe. Depois, ele me acompanharia até a fábrica, onde me poriam para trabalhar até o dia de minha morte. Depois da *Kristallnacht*, meu pai e minha família haviam voltado para Leipzig e, sem chamar a atenção para si mesmos, aguardavam tempos melhores. Embora quisessem fugir da Alemanha, não partiriam sem mim.

Meu pai ficou exultante por ter encontrado uma oportunidade de obter minha liberdade. Em 2 de maio de 1939, às sete horas, ele me pegou em um carro alugado. Deixei Buchenwald seis meses depois de chegar lá.

Meu amigo, você pode imaginar como foi bom ir embora? Meu pai dirigir até os portões de Buchenwald e me abraçar? Sentar-me no banco do carona e seguir para a liberdade? Foi o paraíso, uma sensação de livramento e o fim da perseguição.

Eu me recordaria dessa sensação com frequência nos anos seguintes, e lembraria a mim mesmo que, se conseguisse sobreviver mais um dia, uma hora, um minuto, a dor acabaria e o amanhã viria.

CAPÍTULO 4

Você pode encontrar bondade em todo lugar, até mesmo em estranhos.

Meu pai deveria me levar a uma fábrica da aeronáutica em Dessau, onde eu fora requisitado como ferramenteiro. Em vez disso, fez uma curva e foi direto para a fronteira. Iríamos fugir do país, aquela talvez fosse nossa única chance. Minha mãe e minha irmã, ainda em Leipzig, iriam em seguida, e nos reuniríamos na Bélgica.

Não tínhamos bagagem e levávamos pouco dinheiro, porque seria um risco grande demais se os alemães revistassem o carro e se deparassem com malas para uma viagem. Seguimos para a cidade fronteiriça de Aachen, onde encontramos, em um restaurante, um contrabandista de pessoas, ao qual pagamos para nos escoltar da Alemanha à Bélgica. Abandonamos o carro alugado e, com um pequeno grupo de fugitivos e o contrabandista ao volante, seguimos pela noite ao longo de uma estrada na floresta escura, a fim de alcançar uma parte isolada e pouco habitada da

O homem mais feliz do mundo

fronteira. O contrabandista prometera nos transportar até a Bélgica, mas, em vez disso, nos levou para a Holanda, onde nos reunimos com outros sete fugitivos na escuridão, à beira de uma estrada. Aquelas estradas, na época, eram motivo de inveja na Europa: largas, bem construídas e elevadas um metro e meio acima de valas de drenagem que ladeavam a via.

Nós nos agachamos naquela vala, aguardando uma oportunidade para fugir. O contrabandista nos avisou que logo um caminhão passaria por ali com um holofote montado na traseira. Teríamos que esperar o caminhão passar e depois correr o mais rápido possível antes que a luz pudesse ser virada para trás para nos encontrar. Após cruzarmos a fronteira, deveríamos continuar seguindo em velocidade máxima até estarmos a dez quilômetros da Holanda. Depois disso, legalmente, estaríamos na Bélgica, onde o regime nazista não tinha poder algum para nos capturar. Muitos judeus que haviam fugido para a Holanda foram posteriormente devolvidos à Alemanha, enquanto a Bélgica estava aceitando mais refugiados tentando escapar da Alemanha e da perseguição que se agravava.

Eu estava nervoso, suando e muito preocupado com a possibilidade de não conseguirmos escapar, mas meu pai estava calmo. Ele me instruiu a ficar perto dele e disse que me agarraria se alguma coisa desse errado. Conforme previsto, logo o caminhão veio roncando pela noite, fazendo

52

um bocado de barulho. A luz ofuscou minha vista, mas senti uma mão agarrando a parte de trás de meu cinto, os dedos segurando firme. É meu pai com medo de me perder na correria, disse a mim mesmo. Esperamos e, segundos depois de o caminhão passar, começamos a correr junto ao grupo, chegando à segurança da vala no lado belga da estrada segundos antes de o holofote ser virado para trás. Percebi então, para meu horror, que a pessoa que segurava meu cinto não era meu pai, mas uma das mulheres do grupo. Meu pai estava atrás de nós. Ele havia parado para ajudar uma mulher a subir o barranco e estava no meio da estrada quando a luz foi virada para trás e o encontrou. Ele teve que tomar uma decisão em uma fração de segundo: voltar para a Holanda e para uma possível captura ou correr para a Bélgica e pôr em risco aqueles de nós que havíamos escapado. Fez a escolha corajosa de virar e desapareceu, voltando para a Holanda.

Fiquei muito preocupado, mas não tinha escolha. Precisava seguir em frente. Havíamos elaborado um plano de nos encontrar em um hotel no vilarejo belga de Verviers caso nos separássemos. Aluguei um quarto e esperei, ansioso, uma noite e um dia, até que meu pai apareceu, muito machucado.

Ele havia sido capturado pela gendarmaria (polícia belga) tentando cruzar a fronteira de novo, e o haviam espancado. Tinha muito pouco dinheiro consigo, mas ofereceu à polícia suas abotoaduras de platina se o deixassem passar. O chefe examinou as abotoaduras, disse que não eram de platina, apenas folheadas, e o entregou à Gestapo. Ele estava sob custódia, em um trem que voltava para os campos, quando se soltou, puxou o freio de emergência, parando o trem, e escapou. Naquela noite, conseguiu atravessar a fronteira, e nos reunimos no hotel.

Na manhã seguinte, viajamos para Bruxelas, onde minha família alugara um apartamento bem no coração da cidade. Era um apartamento muito bom, confortável, com espaço suficiente para minha mãe e minha irmã. Mas elas não vieram. Deveriam ter feito a mesma travessia na fronteira juntas, mas haviam sido presas e estavam na cadeia em Leipzig. Quando ligamos para falar com elas, a Gestapo atendeu o telefone. Disseram-me que se eu não voltasse de imediato matariam minha mãe.

O que fazer? Como eu poderia abandonar minha mãe? Como poderia colocá-la em tamanho perigo? Perguntei se poderia falar com ela um minuto, e, no instante em que chegou ao telefone, ela gritou: "Não volte! Isso é uma armadilha! Vão matar você!" E a ligação foi encerrada.

Só soube depois que o oficial da Gestapo pegou o telefone e o usou para bater no rosto de minha pobre mãe, quebrando seu osso zigomático. O machucado nunca sarou direito, e, pelo resto da vida, ela sofreu com uma maçã do rosto afundada, a carne inflamada e enrugada, que ela precisava cobrir com um curativo.

Você pode imaginar o horror que senti? Corri para fora em fúria e pânico, disposto a voltar à Alemanha de imediato. Insisti que não seria capaz de deixar minha mãe sofrer. Meu pai me proibiu, e brigamos feio por isso. Ele estava convencido de que, se eu me entregasse, logo estaria morto.

"Você não vai!", disse ele em lágrimas. "Não posso perder você também."

Minha mãe ficou três meses na cadeia, até enfim conseguir negociar sua libertação e a de minha irmã. No instante em que saiu, pegou um trem com ela para Aachen, na fronteira com a Bélgica, onde encontraram o contrabandista de pessoas que levara a mim e meu pai à fronteira. Nós nos reuniríamos todos em Bruxelas.

Mas, quando elas chegaram, eu já não estava mais lá.

Duas semanas.

Fiquei livre por duas semanas antes de ser preso pela gendarmaria belga. Dessa vez, não por ser judeu, mas por ser um alemão que cruzara a fronteira de maneira ilegal. Eu não pude acreditar naquilo. Na Alemanha, eu não era alemão, era judeu. Na Bélgica, eu não era judeu, mas alemão. Eu só saía perdendo. Fui preso e levado ao campo de refugiados de Exarde com outros quatro mil alemães.

55

O homem mais feliz do mundo

Dessa vez, eu estava cercado por todo tipo de alemão, em sua maioria refugiados da Alemanha de Hitler: socialistas, comunistas, homossexuais, pessoas com deficiência. As condições no campo eram, se não agradáveis, incrivelmente civilizadas após a selvageria e o sadismo de Buchenwald. Tínhamos certas liberdades e podíamos nos afastar até dez quilômetros, desde que voltássemos até certo horário. Contávamos com nossas próprias camas e três refeições por dia; toda manhã, pão e margarina com geleia ou mel. Alimentavam-nos bem, e era possível levar uma vida decente. O mais difícil era não ter contato com minha família. Eles estavam na Bélgica, mas não havia como me comunicar com eles sem alertar as autoridades sobre sua localização.

Fiz uma solicitação ao governo belga, explicando minha situação. "Não sei por que estão me colocando em um campo por eu ser alemão. Não estou com os nazistas. Jamais colaborei com os nazistas, mas peço permissão para aperfeiçoar meu francês. Estou disposto a ensinar engenharia mecânica aos jovens de seu país." Eles aceitaram e me deram uma carteira de identidade que me permitia, todos os dias, tomar o trem para Ghent, uma bela cidade antiga na região flamenga da Bélgica, a cerca de vinte quilômetros do campo. Eu precisava de uma permissão especial para ir. Toda manhã, às sete horas, eu caminhava até a delegacia de polícia, tinha meus documentos de identidade carimbados e então viajava até a universidade para lecionar. Eles haviam me colocado como instrutor na faculdade de engenharia mecânica. Tive tempo suficiente para aprender flamengo, melhorar o francês e fazer muitas boas amizades na universidade.

Também fiquei amigo de alguns de meus colegas prisioneiros. E dá para acreditar que meu amigo de Buchenwald, Kurt, estava ali? Ele fugira do campo e seguira para Bruxelas, onde fora preso como refugiado. Ele não trabalhava, mas toda noite nos encontrávamos e passávamos algum tempo juntos. Também ficamos amigos de outro judeu, Fritz Lowenstein, um marceneiro talentoso que me incentivou a tirar o maior proveito possível da situação e pôr meu conhecimento em prática.

Ficamos ali quase um ano, até 10 de maio de 1940, quando a Alemanha invadiu a Bélgica e se tornou arriscado para os refugiados ficar ali. Entre os prisioneiros, havia vários refugiados políticos que tinham sido políticos alemães importantes contrários à ascensão do partido nazista ao poder. Eles planejavam retornar ao país após a queda do Terceiro Reich e reconstruir o que sobrara da democracia alemã. Um deles era um companheiro muito gentil e inteligente chamado Artu Bratu, que fora do Partido Social-Democrata da Alemanha durante a República de Weimar.

O homem mais feliz do mundo

Ele era um líder muito calmo e inspirador e, embora fosse um exilado político, era dotado da esperança inextinguível de um dia voltar à Alemanha e ajudar a restaurar a sanidade. Pensei comigo mesmo: eu seguirei esse homem, o que quer que aconteça. Ele é um sobrevivente.

Foram feitos planos para nos levar para a Grã-Bretanha, e um navio de refugiados foi providenciado para nos pegar no porto belga de Ostend. Para o nosso azar, o oficial belga encarregado era um colaborador e queria que caíssemos nas mãos dos nazistas. Ele se assegurou de que, quando chegássemos a Ostend, o navio tivesse partido sem nós. Sem saber o que fazer em seguida, Bratu, agora nosso líder na ausência de outro, decidiu nos levar para Dunquerque, a quase cinquenta quilômetros. A cidade portuária francesa teria navios e ofereceria uma possível via para escapar do continente europeu. Começamos a caminhar pelo litoral em direção à França, na esperança de nos salvar.

A viagem para Dunquerque levou cerca de dez horas. Enquanto caminhávamos, tropas alemãs atravessavam a França e a Bélgica: demorou pouco mais de duas semanas para os tanques Panzer alemães esmagarem os exércitos dos Aliados e os colocarem em retirada, e chegamos justo no meio da lendária evacuação de Dunquerque. A tática do *blitzkrieg*, ou guerra-relâmpago, havia derrubado a resistência militar dos Aliados, cujas tropas estavam agora presas na praia daquela cidade, esperando para serem resgatadas por uma frota civil enquanto eram submetidas a um forte bombardeio vindo das tropas alemãs.

Muitos milhares de soldados Aliados estavam mortos, seus corpos estendidos no chão, e o ar era só tiros e explosões. Os soldados continham os alemães com armas de fogo pequenas enquanto eram removidos aos poucos, um pequeno navio por vez. Eles tinham apenas doze horas para pegar os soldados que eram capazes de caminhar até a praia, os mortos tinham que ser abandonados. Nosso grupo maltrapilho de mais ou menos doze pessoas implorou para entrar no navio, mas o capitão se recusou.

"Só podemos levar soldados ingleses", disse ele. "Sinto muito."

Fritz teve uma ideia. Encontrou o corpo de um pobre soldado inglês que tinha mais ou menos o seu tamanho e lhe tirou o uniforme. Conseguiu passar pelos oficiais ingleses e entrar em um barco rumo à segurança. Tentei fazer o mesmo. Um jovem soldado inglês fora baleado e morrera encostado em uma tora. Sentindo-me muito mal, desabotoei seu casaco para pegá-lo. Quando movi o corpo para despir a parte de baixo, vi que a bala explodira em seu estômago e não consegui levar aquilo adiante; não consegui me forçar a tirar as roupas daquele pobre rapaz. Uma coisa era improvisar e ser engenhoso, outra era roubar daquele pobre soldado morto a dignidade, a última coisa, a única coisa que a guerra não lhe tomara.

Fomos pegos entre os exércitos alemão e o dos Aliados; armas pesadas se aproximando, bombardeiros alemães berrando no alto. No caos da evacuação, eu me perdi do grupo, e então, de repente sozinho, decidi ir a pé para o sul da França, onde poderia haver outra via de fuga. Na estrada, juntei-me a milhares de refugiados, uma longa fila que parecia se estender até a França.

Caminhei até o sul da França.

Durante dois meses e meio, eu caminhava do amanhecer ao pôr do sol. Demorei muito tempo porque me mantive em estradas secundárias, passando por vilarejos, onde havia menos chance de me deparar com soldados nazistas e oficiais da SS à procura de prisioneiros fugitivos.

Devo lhe dizer: nunca encontrei tanta bondade vinda de estranhos quanto nos vilarejos da França. Eu dormia ao relento (em vãos de entrada e lugares escondidos de áreas públicas) e acordava muito cedo para voltar a caminhar, a fim de não levantar suspeitas de autoridades. Agora os nazistas detinham o poder por toda a França, com colaboradores trabalhando junto às forças de ocupação. Com frequência, ainda estava escuro quando eu começava a andar, mas os camponeses me avistavam e chamavam em francês: "Você comeu? Está com fome?" E me convidavam a entrar e compartilhar seu café da manhã. Eram pessoas que tinham muito pouco, agricultores pobres que já sofriam as dificuldades da guerra, mas se dispunham a compartilhar tudo o que tinham comigo, um estranho... e um judeu. Elas sabiam que estavam arriscando a vida ao me ajudar, e ainda assim o faziam. Mesmo quando estavam eles próprios famintos, esses camponeses partiam o pão e me faziam levar um pouco para a viagem. Nem uma única vez tive que mendigar ou roubar comida para sobreviver. Depois da guerra, ficaríamos sabendo que, entre todos os países da Europa, o povo francês fora um dos mais corajosos e íntegros, escondendo e protegendo judeus e outras minorias perseguidas.

Em Lyon, havia tantos refugiados que as estradas foram fechadas e não pude avançar. A essa altura, a exaustão e a falta de comida haviam me esgotado, eu estava doente e ficando muito fraco. Fui a um banheiro público me limpar. O habitual naquela região era pagar um franco ao atendente do banheiro, que lhe dava uma toalha e limpava as instalações depois que você as usava. Paguei meu franco e a atendente pegou meu casaco e me levou ao banheiro, reluzente de tão limpo. Eu acabara de sentar no vaso sanitário quando a porta foi aberta de novo, aos chutes, e um grupo de mulheres furiosas que vinha passando me arrastou para fora, minhas calças ainda abaixadas, chutando-me, cuspindo em mim e gritando: "Paraquedista!" A Alemanha vinha despejando espiões por toda a Europa. Eles desciam de paraquedas por trás das linhas inimigas com um rádio e depois usavam o aparelho para instruir bombardeiros sobre onde mirar seus ataques.

A mulher revirara meus bolsos ao pendurar meu casaco e encontrara meu passaporte alemão. Ela pensou que eu fosse um espião alemão sabotador! A sorte não estava a meu favor naquele dia. Por acaso, um policial francês estava passando e se aproximou para ver o que era aquela agitação. Fui preso mais uma vez, agora como alemão, não como judeu.

Fui mandado para um campo de concentração chamado Gurs, perto de Pau, no sudoeste da França. Era muito básico, muito primitivo. Fora construído às pressas, em 1936, para os espanhóis que fugiam da Guerra Civil Espanhola. Mas, de novo, eu tinha uma cama e três refeições. Passei sete meses ali e poderia ter sobrevivido à guerra numa existência miserável, porém digna, se não fosse uma reviravolta cruel do destino. Hitler estava cada vez mais obcecado por judeus na Europa, em particular aqueles que fugiram para territórios que posteriormente ele invadira. Muitos de nós éramos profissionais com alto grau de instrução, como médicos e cientistas, as pessoas das quais Hitler precisava para desenvolver a ciência e a indústria em seu Estado. E ele nos queria de volta.

O chefe de Estado da França de Vichy, o colaborador Philippe Pétain, queria libertar os prisioneiros de guerra franceses qualificados, e os judeus estrangeiros que se encontravam na França eram sua moeda de troca.

Eu não sabia o que estava acontecendo até o comandante do campo me chamar ao seu escritório. Ele me informou que eu seria mandado embora junto aos demais judeus. Até aquele dia, eu nem sequer sabia que havia outros judeus no campo. Dos quase quinze mil prisioneiros, 823 foram embarcados em trens, 35 em cada vagão. Quando estávamos sendo encaminhados pela plataforma, perguntei a um dos guardas para onde o trem estava indo, e ele me disse que iríamos para um campo de concentração na Polônia. Foi a primeira vez que ouvi o nome Auschwitz.

CAPÍTULO 5

Abrace sua mãe.

Eu não sabia sobre Auschwitz na época, como poderia? Como algum de nós teria sido capaz de imaginar que uma coisa daquelas era sequer possível? Mas eu conhecia os nazistas o suficiente para saber que não podia voltar para um dos campos deles. Em pé em uma plataforma de trem, com guardas e engenheiros franceses, no território relativamente seguro da França, decidi fugir.

Por conta de meu treinamento, eu sabia que o engenheiro de cada estação de trem francesa tinha um pequeno estojo de ferramentas com uma chave de fenda e uma chave inglesa. Com os guardas distraídos, roubei essas ferramentas e as escondi no casaco. Fui até o maquinista e lhe perguntei, em francês, quanto tempo demoraria para o trem entrar na Alemanha. Seriam nove horas. Era o tempo que eu tinha para sair. Depois disso, não haveria esperança de liberdade.

Quando o vagão entrou em movimento, comecei meu trabalho. Desenrosquei todos os parafusos no chão, mas não percebi que as tábuas do assoalho estavam presas umas às outras. Cada peça de madeira tinha uma língua e uma ranhura que a mantinham no lugar, de modo que era impossível removê-la, mesmo depois de retirados os parafusos. Porém, eu ainda tinha uma boa chave de fenda e comecei a forçar uma tábua para soltá-la. Foram necessárias quase nove horas de trabalho árduo para soltar duas tábuas. A essa altura, estávamos a talvez dez quilômetros de cruzar a fronteira em Estrasburgo. Não restava mais tempo.

Nove de nós, aqueles que eram muito magros, contorceram-se desesperados pelo buraco no chão e escaparam. Rastejamos como aranhas, agarrando-nos ao fundo do vagão do trem. Segurei-me com as pontas dos dedos, com o máximo de esforço, até notar, pelo movimento do trem e pelas luzes visíveis à frente, que estávamos prestes a entrar em Estrasburgo, onde com certeza seríamos capturados. Gritei para os outros para que se soltassem do vagão, e caímos sobre os trilhos, deitando-nos da forma mais plana possível contra os dormentes. Cobrimos a cabeça com as mãos enquanto o trem rugia sobre nós, conscientes de que correntes soltas no fundo dos vagões poderiam nos atingir e partir nossos crânios como melões.

Então o trem se foi, e o céu aberto estava acima de minha cabeça.

Por medida de segurança, decidimos nos separar e seguir em diferentes direções. Não demorou muito para eu me perder dos outros na escuridão. Nunca mais vi nenhum deles. Procurando me orientar, calculei a direção que me levaria a Bruxelas, a mais de quatrocentos quilômetros, e fui em frente. Era perigoso demais entrar em uma estação e tentar embarcar em um trem; certamente eu seria preso. Em vez disso, decidi ficar do lado de fora da estação e saltar no primeiro trem que fosse na direção de Bruxelas. Eu tinha que me assegurar de pular para fora do trem antes que chegasse em cada estação, uma vez que soldados revistavam os vagões a cada parada e eu não sobreviveria. Assim, pulando para dentro e para fora dos trens na calada da noite, levei quase uma semana para voltar a Bruxelas.

Fui primeiro ao belo apartamento onde meus pais estavam morando, mas o homem que vivia ali não sabia nada sobre eles. Entrei em contato com um amigo da família, DeHeert, que eu esperava ser capaz de me informar o paradeiro de meus pais. Ele e meu pai eram amigos havia anos, e ele nos visitava com frequência quando eu era criança em Leipzig. Todo ano, trocávamos cartões de Natal. Ele era comissário da polícia em Bruxelas, e, devido a suas conexões com a polícia e ao fato de meu pai confiar nele, fazia parte de nosso plano de contingência. Meu pai combinara com o amigo que, se a família se separasse, ele sempre lhe informaria onde estavam os outros membros.

Eu me lembrava de onde ele trabalhava, então sabia como encontrá-lo. Encontrei-o na delegacia, e ele me levou para tomar um café na rua, onde poderíamos conversar com privacidade. Fiquei sabendo que meus pais haviam deixado o belo apartamento para se esconder fora de Bruxelas. Minha irmã Henni também estava lá, sã e salva. Ou, pelo menos, tão salva quanto possível em um país ocupado por alemães. Mas para onde mais eles poderiam ir? Os nazistas estavam em toda parte.

DeHeert me deu o endereço deles, e reencontrei minha família. Eles haviam arranjado um lugar para se esconder no sótão do sr. Toher, um homem muito idoso, perto dos cem anos, que possuía uma pensão. Era um homem bondoso e católico que não tinha a menor ideia do estado do mundo. Era velho demais para sair muito e não entendia que era ilegal abrigar judeus no sótão. Acho que não sabia nem o que era um judeu.

Portanto, tínhamos um refúgio, mas meus pais não estavam bem. A surra que meu pai sofrera nas mãos da polícia belga, mais de um ano antes, fora pior do que ele deixara transparecer. Ele enfrentou dificuldades para andar e problemas no estômago pelo resto da vida.

O sótão tinha dois quartos apertados e, embora confortáveis o bastante, estavam longe da vida que tivéramos.

Não havia banheiro em nosso apartamento, tínhamos que ir ao andar de baixo no meio da noite, quando os outros pensionistas estavam dormindo. Mas meu pai fez o possível para que parecesse um lar. Encontrou belos móveis e tornou aquele espaço tão agradável e alegre quanto podia, dadas as circunstâncias.

Durante dois meses, minhas duas tias, irmãs de minha mãe, moraram conosco. Ficaram a salvo por algum tempo, mas um dia voltaram ao nosso antigo apartamento em Bruxelas para verificar a correspondência e a Gestapo estava à espera. Nunca mais as vimos. Elas foram presas e postas em um trem com destino a Auschwitz, mas nem mesmo chegaram até lá. O trem em que estavam foi desviado e fechado dentro de um túnel, onde foi possível enchê-lo de gases e matar cada homem, mulher e criança a bordo. Ninguém sabe o que aconteceu com as vítimas depois disso, os registros e testemunhos se perderam na história. É provável que nunca saibamos onde minhas tias assassinadas foram enterradas ou suas cinzas, espalhadas. Depois de todos esses anos, isso ainda me parte o coração.

Era muito perigoso ficar na rua. Tínhamos que temer qualquer pessoa que pudesse nos denunciar. Eu não gostava de sair durante o dia; meu cabelo era escuro, e, para a pessoa errada, isso me marcaria como judeu. Minha irmã, pelo menos, era muito bonita, com traços delicados e cabelo claro. Parecia "alemã" o bastante para poder sair um pouco de dia e encontrar comida para nós. Mas, ainda assim, era muito difícil. Não tínhamos dinheiro e, pior, não tínhamos vales para o alimento racionado.

A guerra criara uma escassez de tudo. Era impossível comprar comida sem os vales, que, por sua vez, eram impossíveis de obter sem cidadania belga. Em desespero, fui a dezenas de fábricas em busca de trabalho, mas ninguém me daria uma chance sem documentos. Por fim, um homem chamado Tenenbaum (um nome holandês) me empregou. Eu fazia manutenção e conserto de máquinas em sua fábrica à noite, quando não havia ninguém por perto, e ele me pagava em cigarros.

O serviço tinha que ser feito em sigilo absoluto, na calada da noite. Um toque de recolher estava em vigor, e qualquer pessoa encontrada na rua sem documentos após o anoitecer seria morta na hora. Eu caminhava até a fábrica assim que escurecia, tomando o cuidado de evitar patrulhas. Na fábrica, havia um pequeno compartimento escondido que, com jeito, dava para abrir. Toda noite, Tenenbaum deixava bilhetes indicando as máquinas que precisavam de reparo. Eu trabalhava a noite inteira às vezes, correndo contra o relógio para terminar até o amanhecer. Com o toque de recolher em vigor, não podia haver nenhuma luz acesa na fábrica, então eu cobria todas as janelas com papel preto, para que não pudessem ver que havia alguém ali dentro. Depois, voltava para casa com meu pagamento na mochila: dez maços de cigarro.

Mas o que eu faria com cigarros? Precisávamos de comida! Fui a mais de cem lojas procurando alguém que os comprasse e tive a sorte de encontrar uma mulher bondosa dona de um restaurante, a sra. Victoire Cornand. Ela concordou em vender os cigarros para mim e comprar itens essenciais. Toda noite, ao caminhar de volta para Bruxelas, eu deixava os cigarros em seu canil. Então ela saía e os vendia no mercado clandestino, e, quando eu voltava no dia seguinte, encontrava alimentos: batata, pão, manteiga, queijo. Nada de carne, porém. Minha família ficou sem carne durante um ano inteiro. Não havia carne em lugar algum, mesmo para a sra. Cornand, que tinha vales. Mas aquilo era o bastante. Manteve a mim e minha família vivos e a salvo por meses.

Certa noite, a caminho de casa, ouvi um carro se aproximando e tive que me esconder no vão de entrada de uma casa. Eu me salvei, mas só percebi que não estava sozinho tarde demais. Um cão são-bernardo gigante estava dormindo no vão de entrada (não sei como não o vi, ele era enorme, com uma cabeça que parecia de cavalo) e me mordeu feio, arrancando uma enorme porção de pele de meu traseiro. Aquele cachorro poderia muito bem ter me matado, mas, por sorte, se contentou com apenas uma mordida e depois saiu correndo pela rua. Fui mancando para casa, onde não contei a meus pais o que acontecera, já que isso só os preocuparia. Era arriscado sair de dia também, mas eu precisava de um tratamento para a ferida. De manhã, encontrei um químico que me deu uma seringa e uma dose de vacina antitetânica, que apliquei em mim mesmo. À noite, fui trabalhar como de costume e me deparei com meu chefe, que estava trabalhando até tarde. Eu lhe contei o que acontecera, e ele riu e comentou: "Melhor uma mordida na bunda do que uma bala na cabeça!"

Tínhamos que pensar em segurança o tempo todo. Meu pai cobriu a entrada para um dos quartos com uma parede falsa e pôs pranchas do lado de fora das janelas para que pudéssemos correr de um telhado para o outro caso a polícia viesse. Havia outra família de judeus, com três filhos pequenos, escondida no prédio vizinho. Um dia, os pais foram levados, e as crianças não tinham para onde ir, então nós as pegamos — dois meninos, de doze e treze anos, e sua irmã, de apenas dez. Eles estavam órfãos. Minha mãe cuidou deles como se fossem filhos dela. Sua bondade era inesgotável.

Não muito depois disso, tive uma surpresa maravilhosa: Kurt Hirschfeld estava em Bruxelas! Ele conseguira voltar depois de escapar da custódia francesa. Daquele momento em diante, nós nos tornamos irmãos. Ele não morava conosco, mas veio muitas vezes para o jantar de sexta-feira, viajando após o anoitecer e evitando as patrulhas. Morava com um primo que tinha uma esposa inglesa, e conseguíamos passar um bocado de tempo juntos no início da noite, antes de eu ir para o trabalho. A essa altura, não lhe restara muitos familiares, seus pais já haviam sido mortos em Berlim. Minha mãe adorava Kurt e o tratava como se fosse um filho.

Às vezes, quando me deito para dormir hoje em dia, as lembranças vêm, e penso que aquela foi a melhor época de minha vida. Valorizei muito esse tempo com minha família inteira junta naquele sótão. Era apertado e às vezes desconfortável, e eu dava um duro danado para apenas sobrevivermos, mas estávamos juntos. Aquela era a vida com a qual eu sonhara durante todos os dias solitários da minha existência secreta como Walter Schleif e depois em Buchenwald. Como jovem amedrontado e sozinho, era tudo o que eu queria. E, durante alguns meses maravilhosos, esse sonho se tornou realidade.

Onze meses se passaram assim. Então, um dia, Kurt desapareceu. Temi que o pior houvesse acontecido, que ele tivesse sido denunciado e preso pela SS. Estava muito preocupado com ele, mas, conforme se veria, eu também não continuaria por muito mais tempo na Bélgica.

* * *

O homem mais feliz do mundo

Uma noite, no inverno de 1943, minha família foi presa pouco depois de eu sair para trabalhar. A polícia belga invadiu nosso apartamento e levou meus pais e minha irmã sob custódia. Eles poderiam ter fugido, mas tiveram muito pouco tempo e o usaram para esconder as crianças atrás da parede falsa. O menino mais novo estava resfriado, então meu pai lhe deu seu lenço para ele morder e, assim, não espirrar e alertar os guardas.

A polícia sabia que eu voltaria, então os canalhas me esperaram a noite inteira. Cheguei em casa às três e dez e havia nove policiais me aguardando no escuro, semiadormecidos. Eu os xinguei, gritei com eles: "Vocês são traidores! Vocês se arrependerão!" De nada adiantou. Levaram-me para a sede da Gestapo em Bruxelas. Minha família já estava ali. Fui posto em uma cela com meu pai, e minha mãe e minha irmã ficaram em outra. Mas houve um pequeno milagre: embora a polícia tenha me esperado a noite inteira no apartamento, não encontrou as crianças. Elas conseguiram continuar vivas. Outra família de judeus as recebeu, e elas foram mantidas a salvo por toda a guerra. Muitos anos depois, eu me reuniria a eles: tiveram uma vida longa e feliz, um na Bélgica e os outros em Israel. E tudo graças a meu pai, cuja coragem e raciocínio rápido os salvaram.

Fomos transferidos em família para um campo de trânsito em Malines, Bélgica. Ali, eles mantinham grupos de judeus juntos, esperando chegarem a uma quantidade crítica para enviá-los de trem da Bélgica para a Polônia. Os alemães eram horrivelmente eficientes em seus métodos e se certificavam de que cada trem estivesse com a capacidade máxima de 1.500 pessoas em dez vagões, cada um com 150 pessoas a bordo.

Estávamos muito preocupados enquanto aguardávamos no frio. Embora eu já tivesse ido para um campo de concentração alemão e imaginasse que conhecia o pesadelo que estava por vir, não fazia a menor ideia de como seria ruim. Mas então aconteceu algo em que não pude acreditar. Vi alguém dançando com empolgação e tentando chamar minha atenção do outro lado da plataforma e pensei que meus olhos estavam me pregando uma peça: Kurt! Ele havia sido parado pela polícia depois do toque de recolher em Bruxelas e estava sem documentos e sem cem francos, o suficiente para ser preso sob as leis contra vadiagem. Eu não podia acreditar que havia tantas maneiras de uma pessoa ser presa: judeu, alemão, vadio! Isso acontecera algumas semanas antes, mas o haviam mantido no campo até juntarem 1.500 judeus para deportação. Uma circunstância terrível, mas foi maravilhoso revê-lo.

Logo, os nazistas haviam recolhido as 1.500 almas necessárias e começaram a nos embarcar nos vagões: homens,

O homem mais feliz do mundo

mulheres, crianças pequenas. Ficamos apertados como sardinhas, ombro a ombro. Podíamos ficar em pé ou ajoelhar, mas não havia espaço para deitar, para tirar o casaco. Do lado de fora, estava um gelo, mas ali dentro logo ficou insuportável de quente no ar viciado.

A viagem era de nove dias e oito noites. Às vezes o trem seguia rápido, outras se arrastava. Às vezes parava por completo durante horas a fio. Não havia comida, e a água era muito pouca. O vagão era abastecido com um tambor de 166 litros de água, que deveria durar toda a viagem para as 150 pessoas. Outro tambor com o mesmo volume nos foi fornecido para ser usado como vaso sanitário, e todos nós (homens, mulheres, saudáveis ou doentes) tínhamos que usá-lo na frente de todos.

A água era o verdadeiro problema. Uma pessoa pode sobreviver algumas semanas sem comida, mas não sem água. Meu pai tomou a dianteira. De seus bolsos (até hoje não tenho a menor ideia de onde os encontrou), ele retirou um pequeno copo desmontável e um canivete suíço. Usando a faca, ele cortou uma folha de papel em 150 quadradinhos e explicou um sistema de racionamento. Todos no carro tomariam dois copos de água: um de manhã e outro à noite. Isso seria suficiente para sobreviver e fazer a água durar o máximo possível. Cada pessoa receberia um pedaço de papel ao receber o primeiro copo, e à noite, ao devolvê-lo, receberia o segundo. Se alguém perdesse o pa-

78

pel, não receberia mais água. Dias se passaram e o ar ficou mais viciado e fétido enquanto o balde usado como privada enchia e o balde de água esvaziava. O passar das horas era dividido pelos copos de água duas vezes por dia.

Logo, a água nos outros vagões acabou. Pelas paredes do trem, sobre o barulho dos trilhos, era possível ouvi-los berrando, uma mulher gritando: "Meus filhos estão com sede! Eles precisam de água! Meu anel de ouro por água!"

Dois dias depois, eles ficaram em silêncio.

Quando chegamos ao nosso destino, quase metade das pessoas dos outros vagões havia morrido. Em nosso vagão, apenas duas pessoas partiram. Graças a meu pai, os outros passageiros ali sobreviveram. Pelo menos até chegarem a Auschwitz.

Era fevereiro de 1944, o pior momento de um intenso inverno polonês, quando nosso trem chegou à estação ferroviária Auschwitz II–Birkenau e vi pela primeira vez a infame placa de ferro erguendo-se sobre as cercas de arame farpado: *Arbeit macht frei* — o trabalho liberta.

O chão estava escorregadio, com lama congelada, e as primeiras pessoas a sair do vagão tropeçaram. O carro do trem era elevado, e era preciso saltar entre o vagão e a plataforma. Estávamos todos muito fracos, e alguns doentes, mas meu pai e eu ainda nos encontrávamos fortes e nos

O homem mais feliz do mundo

demoramos para ajudar as mulheres, crianças e idosos a saírem do trem. Ajudamos minha mãe e minha irmã a desembarcar, e, enquanto estávamos auxiliando os outros, elas desapareceram na multidão à nossa frente conforme os nazistas arrebanhavam todos como gado, usando cassetetes, armas e cães de ataque ferozes. De repente, éramos apenas eu e meu pai, sozinhos na multidão.

Fomos levados da plataforma para um lugar onde um homem de jaleco branco e limpo estava parado acima da lama, cercado pela SS. Era o dr. Josef Mengele, o Anjo da Morte, um dos piores assassinos que já existiu, um dos homens mais cruéis da história da humanidade. À medida que os prisioneiros recém-chegados passavam, ele indicava quem deveria seguir para a esquerda ou para a direita. Nós não sabíamos, mas ele estava conduzindo uma de suas infames "seleções". Ali, os prisioneiros eram separados entre homens e mulheres, e entre aqueles que ainda estavam fortes (e seriam enviados a Auschwitz para serem usados em trabalho escravo, literalmente para trabalhar até morrer) e aqueles que seriam levados direto para as câmaras de gás. Um lado significava começar uma vida nova no inferno na Terra, e o outro, uma morte horrível no escuro.

"Por aqui", disse Mengele, apontando para mim.

"Por ali", disse ele para meu pai, apontando para o outro caminho, para um caminhão que estava sendo carregado de prisioneiros. Eu não queria me separar de meu pai, então me esgueirei de uma fila para a outra e segui atrás dele. Eu estava quase no caminhão quando um dos lacaios que montava guarda perto de Mengele me notou.

"Ei!", chamou o homem. "Ele não falou para você ir por ali?" Ele apontou para a entrada de Auschwitz. "Você não vai para o caminhão."

"*Warum?*", perguntei. Por quê?

O capataz me disse que meu pai iria de caminhão porque era velho, e eu caminharia. Era uma explicação razoável, portanto não questionei mais. Se eu tivesse entrado naquele caminhão, teria sido morto. Naquele dia, o dr. Josef Mengele selecionou 148 homens jovens com bom potencial para trabalhar e nos enviou para o campo.

Marchamos para lá, onde fizeram com que nos despíssemos e jogássemos nossas roupas em uma pilha. Fomos guiados a um lavatório muito pequeno, todos os 148 apertados em um espaço minúsculo. Fui tomado pelo pavor, porque sabia o que estava prestes a acontecer. Eu vira aquilo antes, em Buchenwald. Os nazistas testariam nossa resistência. Ficaríamos trancados naquele cômodo escuro, frio e apertado durante dias. E, quando estivéssemos exaustos, os nazistas gritariam coisas para nos deixar em pânico: "Fogo!" ou "Gás!". Ou espancariam uma pessoa para provocar pânico e agitação, prisioneiros esmagando uns aos outros. Cada um de nós recebeu um papel com um número de identificação, e nos disseram que se perdêssemos aquele número seríamos enforcados. Inventei um plano com Kurt e outros dois rapazes que conhecera em Buchenwald.

"Nós não sabemos quanto tempo ficaremos neste cômodo, mas temos que encontrar um canto para ficar", falei. "Dois de nós montarão guarda contra a parede, e os outros dois poderão dormir atrás deles. E depois podemos trocar."

Durante três dias e três noites, fizemos isso: dois de nós protegendo os outros dois enquanto a toda hora os nazistas incitavam o pânico e, à nossa volta, a multidão se agitava, esmagando uns aos outros no escuro. Durante três dias e três noites, houve gritos e cheiro de sangue. Quando as luzes voltaram, dos 148 que entraram ali, dezoito estavam mortos. Um homem perto de mim havia sido tão esmagado que seu olho pendia no rosto. Abri a mão para ver se ainda tinha meu número e constatei que havia sangue escorrendo na palma. De tanto eu apertar o papel, as unhas haviam perfurado a pele.

Os nazistas me levaram para um cômodo e me deram um uniforme de algodão fino listrado de azul e uma boina combinando. Nas costas, havia impresso o número do papel. Então puseram meu braço em uma tipoia para que eu não pudesse movê-lo e tatuaram com brutalidade um número em minha pele, tão fundo que jamais apagaria. Doeu muito, como ser perfurado por mil injeções. Deram-me um papel para morder, para que eu não mordesse a língua, mas esse foi o único ato de bondade que eu veria naquele dia, naquele inferno na Terra.

Dois dias depois, perguntei a um oficial da SS para onde meu pai tinha ido. Ele me pegou pelo braço, conduziu-me por talvez cinquenta metros, entre os alojamentos, e disse: "Está vendo aquela fumaça lá? É para onde seu pai foi. E sua mãe. Para as câmaras de gás e o crematório."

Foi assim que descobri que estava órfão. Meus pais estavam mortos. Meu pai, o homem mais forte e bondoso que eu já conhecera, era agora apenas uma lembrança, sem sequer ter tido a dignidade de um enterro.

E minha mãe. Minha pobre mãe. Não tive a chance de me despedir de minha querida mãe e sinto sua falta todos os dias de minha vida. Ainda sonho com ela todas as noites, e às vezes acordo lhe chamando. Quando eu era jovem, tudo o que queria era voltar para ela, passar algum tempo com ela, comer a *chalá* que ela fazia nas tardes de sexta-feira, vê-la sorrir. Agora, nunca mais faria isso. Nunca mais ela sorriria. Ela se fora, assassinada, roubada de mim. Não há um dia em que eu não pense que daria tudo para vê-la só mais uma vez.

Se você tem a oportunidade hoje, vá, por favor, para casa e diga a sua mãe o quanto você a ama. Faça isso por sua mãe. E faça isso por seu novo amigo, Eddie, que não pode dizer isso à mãe dele.

CAPÍTULO 6

Um bom amigo é todo o meu mundo.

De repente, eu tinha perdido tudo: minha família, minhas posses, o que restava de minha fé na humanidade. Só me foi permitido manter o cinto, minha única lembrança de uma vida que eu nunca mais veria.

Quando as pessoas chegavam a Auschwitz, os nazistas confiscavam tudo o que tinham e levava para uma área especial, para ser organizado por trabalhadores forçados judeus. Nós, prisioneiros, chamávamos essa área de *Kanada*, porque o Canadá era considerado um lugar pacífico onde todas as coisas boas da vida (comida, dinheiro, joias) estavam disponíveis em abundância. Tudo o que eu tinha foi roubado e enviado para o *Kanada*.

Pior ainda, minha dignidade me foi arrancada. Quando Hitler escreveu seu livro odioso, *Mein Kampf,* em que culpou os judeus por todos os problemas do mundo, ele fantasiou sobre um mundo onde seríamos humilhados:

comendo como porcos, vestidos em trapos, as pessoas mais deploráveis do mundo. Agora, isso se tornara realidade.

Meu número, 172338, havia se tornado minha única identidade. Tiravam-lhe até o nome; não mais um homem, apenas uma engrenagem girando devagar em uma grande máquina mortífera. Quando tatuaram o número em meu braço, fui condenado a uma morte lenta, mas primeiro eles queriam matar meu espírito.

Eu morava em um alojamento com quatrocentos judeus de toda a Europa; húngaros, franceses, russos. Os prisioneiros eram segregados por raça e categoria: judeus neste alojamento, prisioneiros políticos naquele. Para Hitler, éramos todos iguais, mas vínhamos de muitos diferentes países, classes, profissões, todos misturados juntos. Muitos não sabiam falar a mesma língua, e poucos tinham algo em comum. Isso foi um grande choque para mim, ser aprisionado com tantos estrangeiros de tantas culturas diferentes. A única coisa que tínhamos em comum era o judaísmo, e mesmo isso tinha significados variados para cada um. Alguns eram muito religiosos. Outros, como eu, pensavam sobre o próprio judaísmo raramente antes de se tornar perigoso ser judeu. Ao crescer, tive sempre orgulho de ser alemão. Para mim, era isso que tornava tão louco o que acontecera conosco. É por isso que sempre perguntarei: por quê? Por quê?

Ainda não consigo entender como pessoas com as quais eu ia para o trabalho, com as quais eu estudava e praticava esportes puderam se tornar animais. Como Hitler conseguiu fazer de amigos inimigos, transformar homens civilizados em zumbis desumanos? Como é possível criar tanto ódio?

Auschwitz era um campo de extermínio.

Você nunca sabia, quando acordava de manhã, se voltaria para sua cama – não que tivéssemos uma. Dormíamos em beliches rudimentares, feitos de tábuas duras de madeira, medindo pouco mais de dois metros de largura. Eram noites gélidas, dez homens um ao lado do outro, sem colchão, sem coberta. O único calor vinha das outras pessoas. Ficávamos enfileirados, encolhidos como arenques em um pote, porque essa era a única maneira de sobreviver. Fazia muito frio, oito graus abaixo de zero, e éramos forçados a dormir nus, porque, se você estivesse nu, não conseguiria fugir.

Se alguém ia ao banheiro à noite, tinha que voltar e sacudir a primeira e a décima pessoa na fila, para que elas pudessem se mexer rumo ao centro do bloco humano. Caso contrário, aqueles que estavam mais afastados morreriam de frio. Toda noite, dez a vinte pessoas morriam porque estavam distantes demais do restante do grupo.

Toda noite. Você ia dormir nos braços do homem ao seu lado para tentar sobreviver e, ao acordar, o encontrava duro e congelado, os olhos mortos arregalados encarando você.

Aqueles que sobreviviam à noite acordavam para um banho gelado, uma xícara de café e um ou dois pedaços de pão antes de caminhar para uma das fábricas alemãs que dependiam do trabalho escravo dos prisioneiros. Muitas das mais respeitadas empresas alemãs, incluindo algumas em atividade ainda hoje, nos usaram para o seu lucro.

Marchávamos diante de guardas armados por até uma hora e meia na ida para o trabalho e, de novo, na volta. Nossa única proteção contra a neve, a chuva e o vento era nosso uniforme fino e os sapatos, feitos de lona e madeira barata. A cada passo que eu dava com eles, podia sentir o ângulo pontudo do pedaço de madeira mal cortado ferindo a parte macia de meu pé.

Se alguém caísse enquanto caminhávamos para o trabalho, ou no retorno, era morto na hora, e os outros prisioneiros eram obrigados a carregar o corpo de volta. Logo, ficamos fracos demais para carregar os corpos de nossos amigos, então começamos a levar trapos com os quais podíamos fazer uma maca. Se não conseguíssemos levar os cadáveres, os nazistas nos matariam também, mas esperariam marcharmos por todo o caminho de volta ao campo para poderem nos matar diante dos outros prisioneiros, a fim de servir de exemplo. No instante em que você não era mais capaz de trabalhar, não tinha qualquer utilidade para os nazistas, e eles o matavam.

Trapos eram tão preciosos quanto ouro em Auschwitz. Mais preciosos, talvez. Não dava para fazer muita coisa com ouro, mas dava para usar trapos para envolver ferimentos ou forrar o uniforme para se aquecer ou se manter um pouco mais limpo. Eu os usava para fazer meias que tornassem os duros sapatos de madeira um pouco mais confortáveis. A cada três dias, eu virava a madeira do sapato para que a ponta dura que pressionava a pele não machucasse a mesma parte do pé. Foi com esses pequenos hábitos que consegui sobreviver.

Meu primeiro trabalho foi limpar a área de um depósito de munição bombardeado. Não muito longe de Auschwitz, ficava uma vila usada como depósito de estoques de munição e armamento a serem enviados para a frente de batalha. Éramos forçados a marchar até o local e recolher pedaços de munição explodida usando apenas nossas mãos. Era um trabalho difícil, perigoso.

Eu estava muito infeliz; os outros judeus do grupo não confiavam em mim porque eu era alemão, e logo aprendi a me manter isolado. A exceção era Kurt. Meus pais estavam mortos, e eu não sabia se minha irmã sobrevivera à seleção. Kurt era a única ligação com minha antiga vida, com um tempo em que eu era feliz. Devo lhe contar, não havia nada mais importante para mim naquela época do que minha amizade com Kurt. Sem ele, eu teria sucumbido ao desespero depois que meus pais foram assassinados. Estávamos em alojamentos diferentes, mas, ao fim de cada dia, nos encontrávamos, caminhávamos e conversávamos. Essa coisa simples era suficiente para me fazer seguir em frente, saber que restava alguém no mundo que se importava comigo e com quem eu podia me importar.

Kurt e eu nunca estávamos no mesmo grupo de trabalho. Os alemães eram muito precisos ao guardar registros e reuniam dados sobre as localizações e profissões de judeus de todo o país. Isso era em parte o que os tornava assassinos tão horríveis e eficientes. Para a sorte de Kurt, Auschwitz não tinha nenhum documento sobre ele. Ele vinha de uma cidade na fronteira da Alemanha com a Polônia, e os nazistas não tinham os registros desse lugar. Quando lhe perguntaram sua profissão, ele respondeu "sapateiro", então foi posto para trabalhar como artesão qualificado, fabricando sapatos em uma oficina no campo. Ele ficava em ambiente fechado e não precisava caminhar na chuva e na neve para trabalhar em uma fábrica, como o resto de nós. Voltávamos mortos de fome, com bolhas nos pés, e ele estava são e seco, com comida a mais na barriga. Toda vez que havia sobra de comida para os prisioneiros, ia primeiro para aqueles que permaneciam no campo: alfaiates, sapateiros, carpinteiros. As fábricas para as quais trabalhávamos deveriam nos alimentar antes de irmos embora, mas nunca havia comida suficiente, e, quando voltávamos para o campo, geralmente também não havia nada para nós.

Isso era muito bom para Kurt, e com frequência ele conseguia guardar um pouco de sua comida extra e compartilhá-la comigo. Podíamos cuidar um do outro. Isso é a amizade verdadeira.

No lixo do campo, era possível encontrar muitas coisas que prestassem. Por exemplo, quando as serras dos carpinteiros ficavam cegas, eles as jogavam fora. Em vez de desperdiçar aquele aço precioso, eu o recolhia e o afiava, eliminando os dentes para criar belas facas, e depois talhava cabos de madeira polida para elas. Eu as vendia em troca de roupas ou um pouco de comida ou sabão, tanto para outros prisioneiros (como aqueles que trabalhavam no *Kanada* e tinham objetos de valor) quanto para civis. Além dos nazistas, havia muitos civis em Auschwitz, como os cozinheiros, os motoristas. Alemães ou poloneses, eles só estavam ali para sobreviver à guerra, como qualquer outra pessoa. Deles, eu recebia comissões por minhas criações sob encomenda. Usava a maquinaria da fábrica para fazer anéis para suas namoradas e gravava iniciais neles. Trocava um bom anel de aço por uma camisa ou uma barra de sabão.

Um dia, encontrei uma panela grande que tinha um buraco e havia sido jogada fora. Tive uma ideia, então a remendei e a levei para o campo. Abordei alguns médicos entre os prisioneiros. Havia muitos médicos em Auschwitz: talvez dois em cada dez judeus alemães de classe média ali fossem médicos, de todo tipo de especialidade. Toda manhã, eles eram levados de ônibus para vários hospitais e postos para trabalhar. Às vezes, eram enviados para o front, para cuidar de alemães feridos que voltavam da batalha. Nesse caso, ficavam dias fora. Eram pagos diariamente com batatas; quatro batatas cruas por um dia de trabalho. Mas você não pode comer uma batata crua, é um veneno. Então eles vinham a mim! Eu cobrava uma batata para cozinhar quatro. Isso me dava um pouco de comida extra para compartilhar com Kurt. Com frequência, à noite, eu caminhava para encontrá-lo com os bolsos cheios de batatas, e compartilhávamos duas ou três como jantar. Certa noite, quando eu estava passando pela SS, um dos guardas com fama de intimidador se aproximou para me chutar por trás, mas me virei e ele chutou meu bolso cheio de batatas. Tive que fingir estar ferido e mancar, senão ele me daria outro chute.

Avisei a Kurt: "Sinto muito, mas hoje a refeição é purê de batata!"

Posso dizer que não estaria aqui hoje se não fosse Kurt. Graças ao meu amigo, sobrevivi. Cuidávamos um do outro. Quando um de nós se machucava ou ficava doente demais para trabalhar, o outro encontrava comida e ajudava. Um mantinha o outro vivo. O tempo médio de sobrevivência de um prisioneiro em Auschwitz era sete meses. Sem Kurt, eu não teria conseguido chegar à metade disso. Quando tive dor de garganta, ele cortou seu cachecol e me deu a metade, assim pude me recuperar. As pessoas nos viam usando o mesmo cachecol e achavam que éramos irmãos; éramos próximos assim.

Toda manhã, acordávamos e, antes de trabalhar, caminhávamos em torno dos blocos e conversávamos, para manter o ânimo. Escondíamos presentinhos um para o outro atrás de um tijolo que eu escavara na parede do banheiro: sabão, pasta de dente, trapos.

Esses momentos de amizade e gratidão eram necessários para que fosse possível sobreviver àquele lugar desumano que Hitler criara. Muitos optaram por tirar a própria vida em vez de seguir em frente. Era tão comum que havia até uma frase para isso: ir para o arame. O campo de Auschwitz II–Birkenau — um subcampo do complexo de Auschwitz, que era muito maior — era rodeado por uma cerca de arame farpado eletrificada. Tocar na cerca era morte certa, e, portanto, para acabar com a própria vida sem dar aos nazistas a satisfação de matá-las, as pessoas corriam para a cerca e a agarravam. Perdi dois bons amigos assim. Eles foram nus, de mãos dadas, para o arame. Não os culpo. Sem dúvida, houve muitos dias em que eu teria preferido estar morto. Sentíamos frio, adoecíamos. Muitas vezes, eu dizia a Kurt: "Vamos. De que adianta viver, se for só para sofrer amanhã?" Kurt se recusava. Não me deixava ir para o arame.

Este foi o meu aprendizado mais importante: a maior coisa que você fará é ser amado por outra pessoa.

Gostaria de frisar bastante essa lição, em especial para os jovens. Sem amizade, um ser humano está perdido. Um amigo é alguém que lembra a você de se sentir vivo.

Auschwitz era um pesadelo real, um lugar de horrores inimagináveis. Sobrevivi porque devia ao meu amigo Kurt a sobrevivência, viver mais um dia para poder vê-lo de novo. Basta um bom amigo para que o mundo ganhe um novo sentido. Um bom amigo pode ser seu mundo inteiro.

Isso, mais do que a comida que compartilhamos ou as roupas quentes ou os remédios, foi a coisa mais importante. O melhor bálsamo para a alma é a amizade. E, com aquela amizade, pudemos fazer o impossível.

CAPÍTULO 7

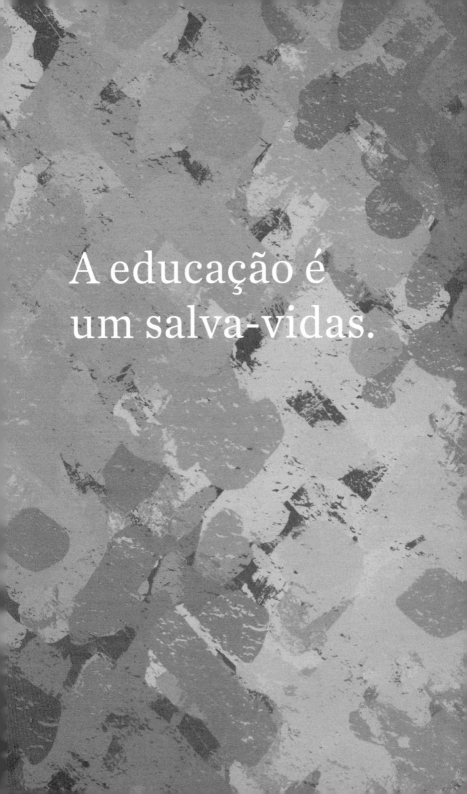

A educação é um salva-vidas.

Meu segundo trabalho foi em uma mina de carvão. Não sei se foi uma punição por eu ter feito aquela pergunta na primeira seleção, com Mengele, ou se foi porque eu ainda estava relativamente forte, mas me enviaram ao profundo subterrâneo para explorar uma jazida de carvão. Dividíamo-nos em equipes de sete, um de nós soltando carvão com uma britadeira e os outros seis enchendo vagões que eram levados à superfície. Era um trabalho extenuante, muito duro, e não havia como ficar em pé; tínhamos que ficar agachados. Trabalhávamos das seis da manhã às seis da tarde e precisávamos encher seis vagões nesse período. Reconhecemos aí a oportunidade de obter um descanso valioso: trabalhávamos duro para cumprir nossa cota até as duas da tarde e poder ter algumas horas de sono antes de voltarmos para os terríveis beliches. Terminado o trabalho, desligávamos as lâmpadas e dormíamos um pouco.

Certa tarde, quando acordamos, uma equipe rival de cristãos poloneses (que nos odiavam tanto quanto os nazistas) estava roubando nossos vagões, substituindo-os por seus carros vazios. Eles eram preguiçosos demais para trabalhar e ficaram felizes por sermos punidos no lugar deles. Entretanto, eu não iria tolerar aquilo. Ao sair da mina, tínhamos que caminhar em fila e tirar nossos chapéus em respeito ao guarda. Eu descumpri a regra e fui até ele contar o que acontecera. Ele gritou comigo para que eu voltasse para a fila e, quando abri a boca para argumentar, ele a fechou com seu punho. Um dos socos me atingiu bem na orelha, e meu tímpano sangrou por algum tempo.

Pouco depois disso, fui levado a um escritório, onde me encontrei pela primeira vez com o comandante encarregado. Ele perguntou o que estava havendo. Eu lhe contei sobre o roubo e sobre ter sido espancado pelo guarda.

"Você quer nos matar? Atire em nós, acabe com isso. Mas estaremos mortos em um mês ou dois porque trabalhamos duro demais e esses outros prisioneiros roubam nosso trabalho." Fui dispensado, e, na semana seguinte, já não havia poloneses em nosso local de trabalho. Todos me abraçaram, e agradeci, mas durante meses não me senti muito bem; aquele homem me dera um baita golpe. Eu tinha dores de cabeça fortes, e minha visão ficou embaçada por muito tempo. Mas continuava feliz por ter defendido meus direitos e os daqueles homens com os quais estava trabalhando na mina. Saí ferido, mas a vida deles ficou mais fácil daquele dia em diante. Na minha opinião, foi uma troca justa.

Não muito tempo depois disso, fui convocado para me encontrar com um representante da Interessengemeinschaft Farbenindustrie AG, ou IG Farben, um conglomerado químico e farmacêutico. Fui informado de que teria um novo trabalho. Os oficiais da SS que supervisionavam o campo perceberam que eu tinha habilidades em mecânica e engenharia de precisão e me classificaram como Judeu Economicamente Indispensável. Esses alemães... Eles tinham um termo especial para tudo.

Enquanto eu pudesse trabalhar, enquanto fosse lucrativo para os alemães, eu poderia sobreviver. Em três diferentes ocasiões, fui levado para as câmaras de gás, e, talvez vinte metros antes de entrar, o guarda viu meu nome, número e profissão e gritou: "Tirem o 172338!" Três vezes!

Eu agradecia em silêncio a meu pai, que insistira para que eu aprendesse as habilidades que salvariam minha vida. Ele sempre enfatizara a importância do trabalho. Entendia que era a maneira como uma pessoa contribuía para o mundo, que a todos é importante cumprir seu papel para a sociedade funcionar. Além disso, ele entendia algo fundamental sobre o mundo. A maquinaria da sociedade nem sempre funciona como deve. Na Alemanha, por exemplo, ela quebrou por completo. Mas partes dela continuaram funcionando, e, enquanto minhas habilidades profissionais fossem essenciais, eu estaria a salvo.

Tornei-me engenheiro mecânico da IG Farben, uma das piores instituições para os judeus. Mais de trinta mil pessoas foram forçadas a trabalhar em suas fábricas, e eles forneciam o gás venenoso Zyklon B, que matou mais de um milhão de pessoas nas câmaras de gás.

De certa maneira, porém, sou grato a essas fábricas. Sem elas, estaríamos mortos. Mais de um milhão de judeus morreram em Auschwitz, mas existiam outros campos onde não havia nenhum trabalho, nada para conter os sonhos da SS de uma exterminação completa. Os donos da fábrica queriam nos manter vivos e nos injetavam vitaminas e glicose para continuarmos em movimento. Era do interesse deles que estivéssemos saudáveis o bastante para trabalhar.

A SS tinha outras prioridades. Eles queriam matar todos nós. Tinham a instrução de matar tantos quantos pudessem. Hitler dera ordens para a Solução Final em relação à existência de judeus no mundo. Para a SS, os campos de concentração não eram apenas para acabar com nosso ânimo, mas para nos destruir por completo. Os nazistas de alto escalão por trás da Solução Final chamavam o trabalho escravo de *Vernichtung durch Arbeit*. Extermínio por meio do trabalho. Eles estavam determinados a assassinar todo e qualquer judeu, e mal conseguiam matar todos nós na velocidade que gostariam. Não importava quantos de nós baleassem, esfaqueassem, espancassem até a morte ou mandassem para o gás, mais judeus chegavam de trem todos os dias.

Em determinado momento, alguns prisioneiros reagiram. Algumas mulheres de Birkenau trabalhavam para a Krupp fabricando armas e contrabandearam explosivos da empresa. Todo dia, os fornos paravam por duas horas para esfriar. Certa vez, enquanto isso acontecia, os prisioneiros rebeldes entraram ali e os encheram com os explosivos. Quando os homens vieram acendê-los, os crematórios explodiram. Durante um mês, não tivemos crematórios nem câmaras de gás. Achamos isso maravilhoso. Nenhuma fumaça, nenhum fedor de morte. Mas depois construíram fornos ainda melhores, e as coisas pioraram.

Como chefe na oficina da IG Farben, eu era encarregado da manutenção dos tubos de ar de alta pressão responsáveis pelo funcionamento de máquinas que produziam suprimentos para o exército alemão. Também era responsável por regular a pressão do ar. Eu usava uma placa pendurada no pescoço dizendo que, se fosse constatado vazamento em algum dos tubos, eu seria enforcado.

Havia mais de duzentas máquinas, cada uma delas supervisionada por um operário, e eu era responsável por todas. Era o único no campo que podia corrigir os calibradores de pressão que as mantinham funcionando. Monitorar todas as máquinas era uma tarefa impossível, então encontrei uma solução. Fiz duzentos apitos e dei um para cada prisioneiro na fábrica. Se eles notassem que a pressão estava caindo em alguma delas, apitariam, e eu correria para corrigir o problema. Embora houvesse muitos tipos diferentes de máquina produzindo de tudo, de munição a substâncias químicas, a fábrica havia sido construída de maneira que, se uma delas parasse, todas parariam, e, se isso acontecesse, eu seria um homem morto. No ano em que trabalhei ali, nenhuma máquina enguiçou, nem uma vez.

E uma surpresa: um dos duzentos operadores era a minha irmã! Ela sobrevivera à seleção e estava alojada em Auschwitz II–Birkenau, o segundo maior campo do complexo, na seção das mulheres. Quando a vi pela primeira vez, meu coração se partiu um pouco. Ela sempre fora muito bonita, com a pele clara e um cabelo lindo, brilhante. Agora que era uma prisioneira, sua cabeça estava raspada e o uniforme da prisão sobrava em seu corpo magro de fome. Fiquei radiante por saber que ela tinha sobrevivido, mas também desesperado ao ver o quanto sofria. Fazia três meses que eu a vira pela última vez, saindo do trem no dia em que nossos pais morreram. Também foi difícil porque não podíamos falar um com o outro. Não podíamos deixar que as pessoas descobrissem que éramos parentes. Se soubessem de nossa relação, os nazistas e seus colaboradores usariam a informação contra nós. Então trocávamos olhares ou eu dizia uma frase quando passava por sua máquina. Eu não podia sequer abraçá-la nem a confortar pelo assassinato de nossos pais.

Sua estação de trabalho era muito difícil. Ela cortava balas a serem enviadas ao exército alemão; uma tarefa que produzia muito calor e muitas fagulhas. Para reduzir o risco de incêndio, minha irmã tinha que ficar em um fosso de água gelada proveniente de um tanque refrigerado. O dia inteiro, ela ficava na água gelada, algo terrível para sua saúde.

Meu trabalho também era difícil. Eu precisava subir em uma torre alta para direcionar a posição de todos os tubos: um pouco mais para o alto, um pouco mais para baixo. Eu só vestia meu uniforme de prisioneiro, e fazia muito frio nessa torre, no alto, na neve gelada. Com frequência, eram 28 graus abaixo de zero.

Um dia, eu devo ter adormecido, porque acordei com a cabeça ressoando. O guarda apanhara uma pedra e a atirara em mim para me acordar. A pedra abriu um grande corte em minha cabeça, e o guarda veio correndo, em pânico, temendo ter me matado; até mesmo ele teria problemas por matar um Judeu Economicamente Indispensável. Ele pôs uma toalha em minha cabeça para estancar o sangramento e me levou de carro para um hospital de campanha. Acabei levando dezesseis pontos. Quando entrei no hospital, passamos por uma sala onde um neurocirurgião estava operando um oficial nazista de alta patente, removendo uma bala de sua cabeça. Gritei o nome da máquina que ele estava usando e falei que sabia consertá-la. Quatro dias depois de eu chegar, quando ainda estava me recuperando, o médico me abordou. Era o professor Neubert, neurocirurgião importante e oficial de alta patente da SS. Ele queria saber como eu conhecia o nome daquela máquina médica muito específica.

"Eu as fabricava", respondi.

"Você conseguiria fazer outras?"

"Não no *kommando* em que estou. Mas, sim, eu consigo."

Ele me ofereceu o trabalho de fazer uma mesa de operação altamente especializada, que seria usada em neurocirurgias. Durante três meses, fui transferido para um novo trabalho, projetando e fabricando a mesa.

Meu pai estava, como em tudo o mais, certo em relação à importância da educação e do trabalho. Minha educação salvou minha vida, e não pela primeira ou última vez.

CAPÍTULO 8

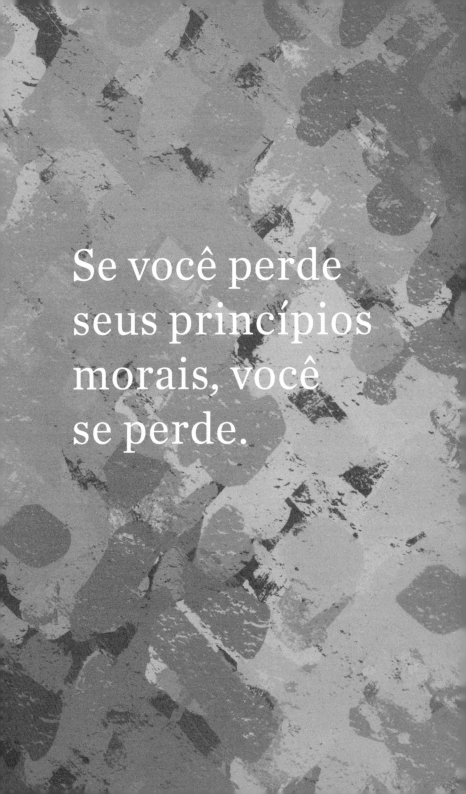
Se você perde seus princípios morais, você se perde.

Foi isso que logo aprendi sobre os nazistas. Sob o regime nazista, um alemão não era um homem mau, inicialmente; era fraco e podia ser manipulado com facilidade. E aos poucos, mas de maneira infalível, esses homens fracos perderam seus princípios morais e sua humanidade. Tornaram-se homens capazes de torturar outros e ainda assim ir para casa e encarar suas esposas e seus filhos. Testemunhei o modo como tiravam crianças de suas mães e batiam a cabeça delas na parede. E depois ainda eram capazes de comer e dormir? Não consigo entender isso.

Às vezes, os SS batiam em nós só por diversão. Eles usavam botas especiais com biqueira de aço, pontiaguda. Tinham um jogo em que esperavam você passar por eles e em seguida o chutavam com a maior força possível, bem na parte macia onde o traseiro se junta à perna, enquanto gritavam "*Schnell*! *Schnell*!" (Rápido! Rápido!). Faziam isso sem motivo, nada além da alegria sádica de machucar outro ser humano. As feridas causadas eram profundas e dolorosas, e difíceis de curar quando sem alimentos ou abrigo adequados. A única esperança era encher a ferida com trapos e tentar conter o sangramento.

Certa vez, deparei-me com um soldado alemão sozinho, e ele me bateu e me chutou, falando para eu me apressar. Dessa vez, eu parei, olhei-o bem nos olhos e lhe perguntei: "Você tem alma? Você tem coração? Por que está me batendo? Você quer trocar de lugar comigo? Eu fico com sua roupa e sua comida, e veremos quem trabalha mais duro." Nunca mais esse camarada encostou em mim. Ele não era tão corajoso ou tão monstruoso quando estava sozinho.

Em outra ocasião, eu estava atravessando o campo quando um SS me bateu e quebrou meu nariz. Quando lhe perguntei por quê, ele falou que eu era um *Juden Hund* (um Cão Judeu) e me bateu de novo.

Isso não era verdade, contudo. Os nazistas tratavam os cães muito melhor do que os prisioneiros. Havia uma guarda da SS em particular, uma mulher, mais cruel que qualquer um dos outros dos quais morríamos de medo. Ela carregava um cassetete para nos golpear e ia a toda parte com seus grandes cães de ataque, pastores-alemães. Ela era muito gentil com eles, sempre os chamava de

"Mein liebling". Meu querido. Um dia, uma das crianças pequenas de Auschwitz me disse que, quando crescesse, queria ser um cachorro, porque os nazistas tratavam seus cachorros com muita gentileza.

Certa manhã, estávamos caminhando para o trabalho, dez em fila, contando piadas para manter o ânimo. Alguns de nós riram, e essa mulher da SS se aproximou e exigiu saber o que era tão divertido.

"O que você quer dizer com divertido?", perguntei-lhe.

"Não há nada para rir em Auschwitz."

Ela ficou furiosa e se virou para me bater, mas eu me movi um pouco e ela, em vez de acertar o rosto, atingiu-me no peito. Isso não seria um problema se eu não tivesse escondido na camisa um tubo de pasta de dente contrabandeado. Quando ela me bateu, ele explodiu e foi pasta para todo lado, o que nos fez rir ainda mais. Ela ficou constrangida e fez questão de descontar em mim.

Recebi sete chicotadas nas costas. Fui amarrado a um poste com as pernas presas, e dois homens fortes se revezaram nas chicotadas. Na terceira, minha pele rompeu, e as feridas começaram a sangrar. Eram machucados terríveis, passíveis de infecção, e não havia aonde ir para conseguir ataduras nem ajuda. Nada.

Em seguida, tive que ficar três horas em uma gaiola, nu, diante de todos que passavam. E toda vez que eu caía, fraco de exaustão e frio, as paredes da gaiola, forradas de agulhas, espetavam-me, e eu despertava. O estrago nas minhas costas foi tanto que por três semanas tive que andar a noite inteira e dormir sentado, apoiando as costas nas de outro homem. Quando ele acordava e se movia, eu caía e tinha que encontrar outra pessoa em quem me encostar e dormir.

Havia também prisioneiros que se voltavam contra os próprios colegas. Eram os colaboradores, os desprezíveis *kapos* aos quais os nazistas faziam favores especiais para que agissem como supervisores do resto de nós. Nosso *kapo* era um verdadeiro canalha, um judeu da Áustria que enviou muitas pessoas para a câmara de gás para ser recompensado pelos nazistas com cigarros, bebidas e boas roupas quentes. Ele enviou até o próprio primo para os fornos. Um homem monstruoso.

Um dia, ele estava em sua ronda e se aproximou de um grupo de seis húngaros idosos que faziam um intervalo no trabalho para aquecer as mãos junto a um barril de coque de petróleo queimando. Era preciso fazer isso às vezes, porque não tínhamos luvas e ficava frio demais para nossos dedos funcionarem. Ele anotou seus números para açoitá-los. Eu sabia que eles não sobreviveriam, mas eu tinha mais chances (eu já havia sido açoitado), então gritei para ele que me açoitasse no lugar deles. Ele sabia que eu era economicamente valioso e que, se me incapacitasse, teria problemas. Então os açoitou e os matou.

Ele não precisava denunciá-los. Fez isso por ganância. Aquilo foi desumano.

Ver comportamentos como esse me tornou mais determinado do que nunca a permanecer fiel a mim mesmo, a manter minha honra intacta. Era difícil. A fome nunca nos abandonava. Drenava nossa moral com a mesma velocidade que drenava nossa força. Certo domingo, recebi minha ração de pão. Eu a pus no alto do beliche e saí para pegar minha tigela de sopa. Quando voltei, o pão havia sumido. Alguém no alojamento, em meu beliche talvez, roubara minha comida. Algumas pessoas diriam que isso é de se esperar. Isso é sobrevivência. Eu discordo. Em Auschwitz, a sobrevivência era para os mais adaptados, mas não à custa do outro.

Nunca esqueci o que era ser civilizado. Eu sabia que não faria sentido sobreviver se, para isso, tivesse que me tornar um homem mau. Nunca prejudiquei outro prisioneiro, nunca roubei o pão de outro homem e fiz tudo o que podia para ajudar um companheiro.

Veja bem, comida não é o suficiente. Não há remédio para seus princípios morais. Se eles acabam, você acaba.

Muitas pessoas comuns também se viram no caminho nazista contra a própria vontade. Às vezes, eu estava trabalhando na fábrica e um dos guardas sussurrava para

O homem mais feliz do mundo

mim: "A que horas você vai ao banheiro?" E então, quando eu ia para o meu intervalo, encontrava uma lata de mingau e leite à minha espera na barraca. Não era muito, mas me dava forças e esperança de ainda haver pessoas boas no mundo.

Mas, para os bons alemães, às vezes era difícil se manifestar. Eles tinham que saber se podiam confiar em você. Se fossem pegos ajudando um judeu, seria a morte deles. Os opressores tinham tanto medo quanto os oprimidos. Isto é o fascismo: um sistema que faz de todos vítimas.

Havia um homem em particular, que trabalhava entregando comida aos prisioneiros na fábrica da IG Farben, do qual me tornei amigo. Seu nome era Krauss, e, conforme os meses passaram, viemos a nos conhecer muito bem. Ele era um civil, não um nazista, e, quando podia, entregava-me escondido um pouco da comida que sobrava. Eles traziam a comida em um veículo e a tiravam de um barril para nos servir enquanto fazíamos fila com uma canequinha de lata na mão. Depois, levavam os tambores vazios. A comida era horrível, mas cada resto a mais que eu pudesse conseguir me aproximava um pouco mais da sobrevivência.

Certa vez, Krauss deu um jeito de me encontrar sozinho e falou que tinha um plano para me ajudar a escapar. Ele combinara com o motorista que fazia a entrega de pintar uma grande faixa amarela em um dos tambores. Esse barril seria especialmente modificado, com o acréscimo de uma corrente dentro. Quando ele fosse esvaziado, eu subiria ali, entraria e puxaria a corrente com muita força, para fechá-lo. Então, Krauss poria esse tambor no canto esquerdo da parte de trás do caminhão, e, quando o motorista saísse do campo e a área estivesse livre, ele assoviaria, indicando que estaríamos a meio caminho entre Auschwitz e a fábrica. Eu usaria meu peso para rolar o tambor para fora do caminhão quando o veículo fizesse uma curva.

Trabalhamos muito nesse plano. No dia, eu estava bastante nervoso, mas animado, quando subi no barril e entrei ali. Agarrei a corrente desesperado, prendendo a respiração, sem fazer um som sequer enquanto o tambor era posto no caminhão. Ouvi o veículo dar a partida, senti que começava a se mover, e, conforme combinado, quando estava seguindo rápido, ouvi o motorista começar a assoviar. Era o sinal para eu me jogar contra a lateral do barril e fazê-lo rolar para fora do caminhão.

O tambor caiu e começou a descer o morro comigo dentro, rodando como uma turbina. Segurei bem firme na corrente enquanto o barril rolava cada vez mais rápido, até por fim bater em uma árvore e parar de repente. Eu estava sem fôlego e com alguns arranhões, mas, fora isso, saí ileso. E estava livre! O plano funcionara à perfeição... exceto por uma coisa. Em nosso entusiasmo, havíamos esquecido que eu ainda estaria vestindo o uniforme do campo de concentração de Auschwitz, com uma tatuagem no braço e o mesmo número costurado em algarismos de vinte centímetros nas costas. Aonde eu poderia ir assim? E logo anoiteceria e estaria um frio terrível. Eu não tinha um casaco. Na fábrica, nós os tirávamos e os pendurávamos antes de começar a trabalhar, então eu só contava com minha camisa de prisioneiro. Precisaria de ajuda.

Caminhei durante algum tempo no bosque e acabei chegando a uma casa, muito isolada, com fumaça saindo da chaminé. Fui até a casa e bati na porta. Um polonês atendeu. Eu não sabia falar polonês, só alemão e francês, mas lhe perguntei em ambas as línguas se ele poderia me dar uma camisa. Ele me encarou, não disse uma palavra e então se virou e percorreu o corredor comprido, com cômodos dos dois lados. Ele entrou no último cômodo e me senti bastante aliviado, certo de que me ajudaria.

Ao voltar, não tinha uma camisa, mas um rifle. Quando o apontou para mim, eu me virei e comecei a correr. Corri em zigue-zague enquanto ele atirava em mim uma, duas, três vezes, mais. No sexto tiro, ele teve a sorte de atingir minha panturrilha esquerda. Gritei, mas consegui escapar. Rasguei a camisa e fiz um torniquete para estancar o sangramento enquanto pensava no que fazer. Percebi com horror que não sobreviveria se os poloneses locais fossem meus inimigos assim como os alemães. Só me restava uma opção: voltar às escondidas para Auschwitz.

Subi de volta a montanha, mancando, até onde a turma do último turno de trabalhadores da fábrica da Farben estaria. Elaborei um plano. Eles estariam fazendo muito barulho, eram centenas de pés marchando, alemães gritando, cachorros latindo. No meio de todo o caos, eu me esconderia na beira da estrada e, quando a coluna passasse, iria me esgueirar para me juntar a eles.

O plano funcionou, e consegui me aproximar do grupo. Apenas caminhei de volta a Auschwitz e a meu velho alojamento, e os nazistas nunca perceberam que eu havia sumido. A única reminiscência da fuga era a bala polonesa alojada no músculo da minha perna.

Se eu odeio aquele homem? Não, não odeio ninguém. Ele era fraco, e provavelmente estava tão assustado quanto eu. Deixou o medo dominar seus princípios morais. E sei que, para cada pessoa cruel no mundo, há uma pessoa boa. Eu sobreviveria a mais um dia com a ajuda de bons amigos.

CAPÍTULO 9

O corpo
humano
é a melhor
máquina
já feita.

De volta ao campo, corri para encontrar o dr. Kinderman, um senhor de Nice do qual eu ficara amigo. "*Monsieur* Kinderman, tenho uma bala na perna", falei baixinho. "O senhor faria a bondade de retirá-la?"

Eu estava no Bloco 14, e o dr. Kinderman, no Bloco 29, mas ele me disse para encontrá-lo naquela noite no banheiro do Bloco 16, o único com porta. Ali, ele faria uma cirurgia para remover a bala. Não havia tranca na porta, então eu teria que segurá-la enquanto ele operava. Ele não tinha instrumentos, mas conseguiu encontrar um abridor de cartas de marfim, parecido com uma faca pequena. Ele me avisou que iria doer para diabo, mas tínhamos um plano. Havia um convento católico perto de Auschwitz, não muito longe do Bloco 16, e toda noite as freiras tocavam um sino bem alto. Naquela noite, esperamos o som dos sinos soar pelo campo para encobrir

O homem mais feliz do mundo

meus gemidos de dor e ele começar a trabalhar. Como prometido, doeu muito! Mas, com apenas um abridor de cartas e um grande empurrão, o médico extraiu a bala de minha perna. Ele me disse para lamber os dedos e usar a saliva como desinfetante; sem sabão nem água quente, era a única maneira de limpar a ferida. Toda noite, ele me encontrava no banheiro e me ajudava a limpá-la, e, conforme previsto, três meses depois eu estava curado. Ainda tenho a cicatriz, mas sobrevivi graças ao dr. Kinderman.

Lamento muito dizer que, quando tentei encontrá-lo depois da guerra, descobri que havia falecido. Ele salvou minha vida naquela noite, e sempre lhe serei grato. E o conselho que ele me deu foi ainda mais valioso que a cirurgia. "Eddie, se você quer sobreviver, quando voltar do trabalho, descanse, poupe sua energia. Uma hora de descanso são dois dias de sobrevivência."

Algumas pessoas voltavam para o alojamento e ficavam andando. Algumas iam em busca de comida, outras procuravam familiares e amigos. Às vezes, elas encontravam pessoas amadas, mas não havia comida extra para ser encontrada em lugar algum. Sair à caça era desperdiçar uma energia preciosa. Eu poupava o máximo possível da minha. Sabia que cada caloria gasta andando pelo campo era uma caloria a menos que podia ser usada para me manter aquecido, curar feridas e permanecer vivo.

Essa era a única maneira de sobreviver a Auschwitz, um dia de cada vez, concentrado em manter o corpo funcionando. As pessoas que não conseguiam bloquear tudo, exceto a vontade de viver, que não eram capazes de fazer o que fosse necessário para viver mais um dia, não sairiam dali. Aquelas que se preocupavam com o que haviam perdido (sua vida, seu dinheiro, sua família) não sairiam dali. Em Auschwitz, não havia passado nem futuro, apenas a sobrevivência. Ou nos adaptávamos àquela estranha vida em um inferno real ou não sairíamos dali.

Um dia, chegou um vagão com húngaros que decidiram economizar a ração. Eles cortavam o pão ao meio, comiam a metade, embrulhavam o restante em papel e o guardavam. Ficamos furiosos. Eles não entendiam o que estavam fazendo. Se os nazistas descobrissem que estavam escondendo pão, bateriam neles, diriam que os judeus não conseguem nem comer toda a comida que lhes é dada e usariam essa justificativa para diminuir nossa ração, que já não era suficiente para nos manter saudáveis. Tínhamos fome o tempo todo, estávamos mais magros a cada dia, até delirarmos de fome.

Um homem que compartilhava o meu beliche, um judeu francês que fora chefe de cozinha antes da guerra, tinha pesadelos sobre comida. Gritava enquanto dormia nomes de deliciosos pratos franceses: *vol-au-vent, filet mignon, baguette*. Ninguém se importava muito, exce-

O homem mais feliz do mundo

to eu, porque à noite eu ficava acordado, morrendo de fome e ouvindo esse francês descrevendo todas aquelas comidas deliciosas. Por fim, certa noite, eu o sacudi para acordá-lo.

"Se você não parar de falar em comida", disse em francês, "eu vou matar você!"

Auschwitz era uma questão de sobrevivência, mas não teria sido possível sobreviver sem um bom amigo. Sem a bondade e a amizade de pessoas que se esforçaram para me ajudar, eu não teria durado um mês.

Toda manhã, quando o convento próximo tocava o sino para a prece das cinco, eu e Kurt nos encontrávamos nos chuveiros para compartilhar nossas pequenas quantidades de sabão. Eu dava um pedacinho de pão a um barbeiro uma vez por mês para ele raspar nossas cabeças e nos manter livres de piolhos. Fazíamos tudo o que podíamos para nos manter vivos.

Durante quase quatro meses, tivemos café toda manhã. Não era um café muito bom (uma espécie de invenção química que imitava café de verdade), mas, naqueles primeiros quatro meses, nós o tomamos com avidez. Até que um dia senti um cheiro estranho no copo. Fui à cozinha e perguntei a um companheiro: "O que você está pondo no café?"

128

Ele respondeu "brometo", que era uma substância química usada para diminuir o desejo sexual de homens jovens. É preciso meio copo para dez homens.

"Quanto você está pondo?", questionei.

"Não seja bobo! Abrimos a lata e colocamos tudo!"

Era o suficiente para castrar quimicamente cem homens! Assim, eu e Kurt paramos de tomar café. E por isso hoje tenho uma família. Um amigo meu em Israel sobreviveu, mas não pôde ter filhos porque bebia esse café, que destruiu seus órgãos reprodutores.

A cada dia ficávamos mais fracos. E sabíamos que, assim que estivéssemos fracos demais para trabalhar, estaríamos mortos. O médico vinha com frequência ao alojamento nos inspecionar e checar se tínhamos piolho. Ele tirava a camisa de um de nós e a examinava. Se encontrassem até mesmo um único piolho, matariam a todos nós lacrando o dormitório e liberando gás nele. Isso era assustador, porque todos nós tínhamos terríveis infestações de piolhos. Na manhã de cada inspeção, encontrávamos a pessoa com a camisa mais limpa, e ela era a escolhida para ter seus piolhos removidos e ser apresentada ao médico a fim de passarmos na inspeção.

Mas nada podíamos fazer em relação à inspeção de nosso peso. Uma vez por mês, o médico vinha e nos enfileirava para inspecionar nossos traseiros. Ele olhava nossas nádegas e verificava se tínhamos perdido a reserva de gordura ali. Se suas nádegas fossem duas tiras de pele penduradas que o médico não conseguia beliscar, você já não lhes servia e era enviado para a câmara de gás. Todo mês, muita gente era enviada para a morte por esse motivo, e vivíamos com medo.

Kurt e eu nos encontrávamos após a inspeção e constatávamos que o outro ainda estava vivo. Era um milagre, todo mês. Mesmo quando estávamos muito doentes, nossos rostos continuavam redondos o bastante e sobrevivíamos.

Ainda fico admirado com o corpo humano e sua capacidade. Sou engenheiro de precisão e passei anos fazendo as máquinas mais complicadas e complexas, mas não seria capaz de fabricar uma máquina como o corpo humano. É a melhor já feita. Transforma combustível em vida, consegue consertar a si própria, pode fazer qualquer coisa de que você precisar. É por isso que hoje parte meu coração ver o modo como algumas pessoas tratam o próprio corpo, arruinando essa máquina maravilhosa fumando cigarros, bebendo álcool, envenenando-se com drogas. Elas estão destruindo a melhor máquina já posta neste planeta, o que é um desperdício terrível.

Todo dia, em Auschwitz, meu corpo era forçado a seu limite absoluto, e ainda além. Passava fome, era espancado, congelado, ferido. Mas me manteve de pé. Manteve-me vivo. Agora, ele me mantém vivo há mais de cem anos. Que máquina maravilhosa!

* * *

Nunca soubemos o que acontecia na área médica de Auschwitz. Depois da guerra, os cruéis e insanos experimentos médicos que Mengele e seus médicos realizaram em homens, mulheres e crianças a portas fechadas se tornariam conhecidos no mundo, mas, na época, só havia rumores. Se um prisioneiro adoecia e era levado para o hospital, eram grandes as chances de você nunca mais vê-lo.

Certa vez, fiquei muito doente, com algum tipo de infecção no fígado. Fiquei ictérico, muito fraco e minha pele adquiriu um tom de amarelo doentio. Fui levado para uma enfermaria, onde permaneci por duas semanas, e Kurt ficou muito preocupado comigo. Ele não sabia se eu estava sendo tratado, se estava sendo alimentado. Veio me visitar carregando uma tigela de sopa quente que deveria ter sido seu jantar. Isso em meio a uma tormenta, neve pesada e ventos uivantes. Pude vê-lo enfrentando a tempestade para me encontrar. Pude ver também um guarda da SS o seguindo. Tentei sinalizar para que voltasse, para que tomasse cuidado, mas ele não conseguiu me entender e só pude assistir impotente quando o guarda o apanhou. O nazista pegou a tigela e a usou para bater na cabeça de Kurt, queimando feio seu rosto.

Pobre Kurt. Pusemos neve sobre a queimadura e corremos para ver o dr. Kinderman. Conseguimos um pouco de creme e algumas ataduras especiais para queimaduras e pudemos tratar o rosto de Kurt. Do contrário, ele teria perdido toda a pele. Kinderman conseguiu salvá-lo. Conseguiu também remédio extra quando minha irmã precisou. Depois de alguns meses em pé na água gelada, ela desenvolvera uma gangrena e precisava de uma substância química especial antigangrena. Consegui fazer pequenas visitas a ela durante momentos mais calmos no campo. Na extremidade da parte de Auschwitz do campo, a cerca dava para Auschwitz II–Birkenau, e, às vezes, quando tínhamos sorte, podíamos combinar de nos encontrar ali e falar pela cerca por alguns instantes. Durante muito tempo, isso foi o mais próximo que consegui chegar dela.

CAPÍTULO 10

Onde há vida, há esperança.

odas as manhãs, uma campainha tocava e éramos levados do alojamento para uma contagem de prisioneiros. Em 18 de janeiro de 1945, fomos despertados às três da manhã pela campainha e, depois da contagem, informados de que não iríamos para o trabalho naquele dia. Puseram-nos na estrada para marchar para a Alemanha.

A guerra estava indo muito mal para os nazistas. O exército russo se aproximava cada vez mais, estava a apenas vinte quilômetros, e os nazistas encarregados de Auschwitz entraram em pânico. Estavam com medo de que as pessoas descobrissem o que haviam feito conosco. Foram dadas ordens para evacuar Auschwitz e seus subcampos e explodir os crematórios. Não sabiam o que fazer conosco, então decidiram nos botar para marchar de Auschwitz para outros campos mais adiante no território alemão. Isso agora é conhecido pelo mundo inteiro como a Marcha da Morte. Mais de quinze mil prisioneiros morreram. Alguns morreram congelados enquanto caminhavam. Outros caíram, exaustos. Se você caía, os nazistas punham uma arma em sua boca e atiravam na hora, sem questionar. Durante uma eternidade, marchamos na neve. A noite inteira, ouvimos as armas sendo disparadas quando os nazistas nos executavam, *pop, pop, pop*.

Esse foi o momento mais difícil de minha vida. A temperatura caiu abaixo de vinte graus negativos. Não tínhamos comida nem água. Caminhamos durante três dias. Mas eu tinha Kurt comigo. Chegamos a uma cidade chamada Gleiwitz e fomos alojados em um prédio abandonado do exército polonês, no segundo andar. Kurt me disse que não conseguia dar mais um passo.

"Eddie, não vou continuar", disse ele, e comecei a me desesperar.

Não suportaria ver meu melhor amigo no mundo levando um tiro. Desesperado, procurei um lugar para ele se esconder. No andar de baixo, no chuveiro, descobri um buraco no forro do teto. Encontrei uma escada de mão e a abri.

Verifiquei o espaço no teto — para ver se o plano funcionaria — e descobri que já havia três pessoas escondidas ali. Eu me assustei com elas, mas elas se assustaram muito mais comigo; pensaram que eu era um nazista. Kurt se agachou ali com elas, mas o esconderijo ainda estava aberto. Alguém tinha que cobri-lo pelo lado de fora. Encontrei um pedaço grande de madeira e tapei o lugar, fechando Kurt ali dentro. Antes de fazer isso, eu o abracei e me despedi. Se isso lhe daria meia chance de viver, eu estava disposto a voltar e me juntar à Marcha da Morte. Eu tinha vontade de sobreviver porque, se vivesse, talvez algum dia pudesse rever Kurt.

Por fim, chegamos a uma estação, e os nazistas começaram a nos embarcar em um trem para Buchenwald. Trinta eram embarcados em cada um dos vagões abertos, e começamos a morrer de frio. Nossos casacos finos da prisão eram inúteis. Um dos homens em meu vagão era alfaiate e traçou um plano para sobrevivermos. Ele nos instruiu a tirar os casacos e, trabalhando sem parar, usou-os para fazer uma enorme coberta. Então nos deitamos sob a coberta, pés para dentro, apenas com a cabeça para fora, e ficamos ali durante os quatro ou cinco dias que levamos para chegar a Buchenwald. Graças a essa invenção engenhosa, permanecemos aquecidos o bastante para sobreviver.

A neve se acumulava. Quando a viagem terminou, havia quase meio metro dela sobre o cobertor. Quando tínhamos sede, tudo o que precisávamos fazer era estender o braço e apanhar um punhado. Não nos deram comida, mas, quando estávamos passando pela Tchecoslováquia, algumas mulheres correram ao lado do trem e jogaram pão para nós. Não era muito (um pão para trinta pessoas), mas até mesmo uma mordida em um pão é melhor do que nada. E, mais uma vez, tive provas de que ainda havia pessoas boas no mundo. Esse conhecimento era esperança, e esperança é o combustível que move o corpo.

O corpo humano é a maior máquina já feita, mas não funciona sem o espírito humano. Podemos viver algumas semanas sem comida, alguns dias sem água, mas sem esperança, sem fé em outros seres humanos? Nós quebramos. Então foi assim que sobrevivemos. Por meio de amizade, cooperação. Por meio de esperança. Os outros vagões estavam cheios de corpos de pobres almas que haviam morrido congeladas. Sei disso porque, quando cheguei a Buchenwald, recebi ordens para desembarcá-los e levá-los para o crematório. Havia um carrinho de mão (uma caixa de madeira com grandes pneus de carro), e comecei a pôr os corpos lá, dez de cada vez, e levá-los devagar. E então, quando estava agarrando as pernas de um homem morto, ele de repente sentou e falou! Quase tive um ataque cardíaco.

Ele falou em francês: "Por favor, pegue a foto em meu bolso. Eu me casei há três semanas, minha mulher não é judia. Diga a ela o que aconteceu." Eu chorei. Era apenas um rapaz, vinte anos talvez. Morreu antes que eu pudesse tirá-lo do trem. Peguei a foto em seu corpo.

140

Eddie Jaku

* * *

Agora eu estava de volta a Buchenwald, o primeiro campo para o qual fui enviado, em 1938, no início do pesadelo. Fomos mantidos em um enorme hangar enquanto os nazistas tentavam se organizar. Eu sabia que dali não haveria como escapar, era quase certo que seria morto. Havia um *Hauptscharführer* da SS que ficara conhecido como o Carrasco de Buchenwald, por suas cruéis e incomuns torturas a prisioneiros. Ele crucificava padres de cabeça para baixo, queimava prisioneiros com fósforo branco e pendurava-os em árvores, uma técnica de tortura medieval. Os nazistas ficavam cada vez mais cruéis e mais loucos conforme a guerra se deteriorava para eles.

Na terceira noite, um soldado da SS veio e gritou:

"Há algum ferramenteiro entre vocês?"

Após uma pausa, levantei a mão.

"Eu sou ferramenteiro."

Eu sabia que não me restava alternativa. Buchenwald significaria a morte certa para mim. Talvez houvesse uma chance de permanecer vivo em outro lugar. Fui transferido para um pequeno campo, de apenas duzentas pessoas, chamado Sonnenburg, perto de uma floresta. Foi uma mudança afortunada. Durante os quatro meses seguintes, tive um trabalho muito mais fácil em uma oficina especializada em máquinas em Auma, a vinte quilômetros do

O homem mais feliz do mundo

campo. Um motorista particular me pegava toda manhã e eu trabalhava o dia inteiro na máquina em uma fábrica subterrânea, longe do frio intenso. Mas eu não estava livre. Ficava acorrentado à máquina, que era usada para retificar engrenagens. A corrente tinha quinze metros, o suficiente para eu circular um pouco em torno da máquina. Mais uma vez, recebi uma placa para pendurar no pescoço, dizendo que, se eu cometesse sete erros, seria enforcado.

O trabalho envolvia ajustar peças muito específicas, o que exigia precisão absoluta. Até mesmo uma fração de milímetro a mais e a peça não servia. Minha responsabilidade era afiá-la até o tamanho perfeito. Eu tinha que ser muito cuidadoso, trabalhando de seis da manhã até seis da tarde.

Havia outros prisioneiros operando as próprias máquinas. Meu vizinho ficava perto o bastante para conversarmos, mas ele só falava russo, então não havia comunicação. O único contato humano que eu tinha o dia inteiro era com o guarda que me acorrentava à máquina de manhã e voltava à noite para me levar ao campo de concentração. Ele deveria vir checar como eu estava a cada três horas, trazer-me uma ração de pão e me permitir ir ao banheiro, mas era um beberrão e com frequência não aparecia. Eu ficava desesperado para ir ao banheiro e não sabia o que fazer. Por fim, abri a parte de trás de minha máquina e usei trapos extras para improvisar uma espécie de mictório, de modo a poder urinar dentro da máquina e depois fechá-la. Se o guarda me flagrasse fazendo isso, com certeza eu estaria morto, mas era melhor morrer com minha dignidade.

O guarda bêbado era especialmente vil, mesmo para um SS. Ele me batia às vezes sem qualquer motivo, só porque estava tendo um dia ruim e tinha bebido muito. Mas depois, quando me levava de volta ao campo, avisava: "Guarde isso em segredo. Se você contar a alguém, eu lhe dou um tiro nas costas e digo a todos que você estava tentando escapar. Será a minha palavra contra a de um judeu morto."

Um dia, ele me disse que o homem encarregado da fábrica queria me ver. Achei que eu tinha cometido sete erros e havia chegado a hora da forca. Virei-me para o russo na máquina ao lado e, embora ele não pudesse me entender, indiquei que ele devia pegar meu pão.

"No lugar para onde eu vou, não vou precisar de pão", falei.

O encarregado se chamava Goh. Era mais velho do que eu, tinha o dobro da idade de meu pai, com um jaleco branco e cabelo branco, como o meu agora. Eu esperava que ele fosse gritar comigo e depois me enforcar, mas ele falou com a voz suave. Perguntou-me se eu era filho de Isidore, meu pai, e, quando respondi que sim, começou a chorar. Falou que havia sido prisioneiro com meu pai na

O homem mais feliz do mundo

Primeira Guerra Mundial. Sentia muito pelo que acontecera, mas disse que não tinha poder para impedir nada.

"Eddie, eu não posso ajudar você a escapar, mas todo dia, quando você chegar para trabalhar, encontrará um pouco mais de comida. É o mínimo que posso fazer. Mas, por favor, o que você não conseguir comer, precisa destruir."

Dito e feito. Desse dia em diante, sempre que eu chegava ao trabalho, encontrava uma comida extra escondida na máquina. Havia uma portinhola na lateral onde eram guardadas ferramentas especializadas. Quando eu a abria, no início do turno, havia pão, mingau com leite, às vezes salame. A comida era muito bem-vinda, mas, a essa altura, nós prisioneiros que havíamos sobrevivido éramos como esqueletos ambulantes. Nosso sistema digestivo estava tão danificado pela fome e por comida ruim que mal conseguíamos comer. Eu mal conseguia digerir o mingau... Tinha que ir ao banheiro e adicionar água para poder digeri-lo. O leite era gorduroso demais. Eu também não teria sido capaz de comer salame, isso teria me matado. E podia sequer dá-lo a outros prisioneiros, porque colocaria o velho amigo de meu pai em perigo. Então eu tinha que me desfazer daquilo na máquina, triturar até não restar nada. Imagine: passar tanta fome a ponto de não conseguir comer. Mas a pequena bondade extra me deu uma nova força, a força para não desistir.

144

A bondade dele não foi suficiente para recuperar minha saúde, porque eu estava muito fraco, mas me mostrou que nem todo mundo nos odiava. Na verdade, isso foi algo ainda mais valioso. Isso me fez dizer: "Eddie, não desista." Porque, se eu desisto, estou acabado. Se você desiste, se você diz que já não vale a pena viver, você não dura muito tempo. Onde há vida, há esperança. E onde há esperança, há vida.

Eu estava ali havia apenas quatro meses quando o exército russo começou a se aproximar. Aviões ingleses e americanos passaram a sobrevoar os campos à noite. Então começaram a soltar bombas. Nós podíamos ouvi-las explodindo, mesmo no profundo subterrâneo da fábrica. Certa noite, um bombardeio a acertou em cheio. A explosão ecoou até minha estação, no segundo andar, e me jogou no chão. O fogo não estava muito atrás, e os guardas começaram a entrar em pânico, correndo pelas instalações gritando: "*Raus! Raus!*" (Para fora! Para fora!). Mas o que eu podia fazer? Chamei um dos guardas e ele veio correndo para me desacorrentar da máquina. Só depois de chegarmos ao térreo ele percebeu que eu não era apenas um prisioneiro, mas um judeu. Ficou furioso por ter arriscado a vida para me ajudar e me bateu com tanta força com a ponta de sua arma que meu rosto abriu, e eu teria dor de cabeça durante semanas.

Fui suturado e me puseram para trabalhar em outra parte da fábrica, em um subterrâneo mais profundo, em

O homem mais feliz do mundo

uma linha de montagem de caixas de câmbio. A máquina de guerra nazista precisava de caixas de câmbio para todo tipo de máquina: carros, caminhões, tanques, artilharia. Não sei para onde elas foram, mas, independentemente disso, estava claro que a Alemanha não estava indo bem.

Dava para ouvir os canhões a distância, os estrondos da artilharia russa, as explosões dos bombardeiros britânicos fazendo o chão tremer. Duas semanas depois do começo dos bombardeios, passaram a remover os prisioneiros, mas, dessa vez, os nazistas não tinham nenhum plano. Eles marchavam para se afastar dos russos, e então se aproximavam demais dos americanos e tinham que recuar. No fim, estávamos caminhando em círculos por quase trezentos quilômetros.

Eles não sabiam o que fazer conosco. Eu temia que atirassem em nós. Estava claro que a guerra havia acabado, mas nós éramos testemunhas de suas atrocidades. E, se você é um assassino, mata as testemunhas.

A cada dia estávamos mais fracos, e os nazistas mais desesperados. Até mesmo os nazistas queriam escapar: toda noite, alguns guardas fugiam na escuridão, abandonando seus postos.

Estávamos marchando na estrada, uma daquelas largas estradas alemãs, com valas em ambos os lados. De vez em quando, um cano de drenagem era cortado abaixo da via, o que fazia a água correr de um lado da estrada elevada para o outro. Vi nisso minha oportunidade de escapar. Mas, para isso, eu precisaria de equipamento.

Enquanto caminhávamos, deparei com alguns barris de madeira usados para fazer picles de pepino ao estilo alemão. Tinham grandes tampas, bem grossas e largas. Peguei duas delas e as carreguei comigo para todo lado enquanto marchávamos. Os outros prisioneiros acharam que eu enlouquecera. Quem era aquele judeu alemão maluco carregando grandes peças de madeira inúteis quando já estava tão fraco? Quando descansávamos, eu sentava sobre as tampas para os guardas não me verem com elas. Então, certa noite, bem tarde, encontramos um cavalo abandonado em um campo. Estava magro, pobre cavalo, mais magro que eu! O comandante olhou para o animal e viu um jantar. Ele parou para passar a noite e anunciou que todos nós teríamos sopa. Naquela noite, guardas e prisioneiros se aglomeraram por ali, esperando sua porção de sopa de cavalo.

Eu sabia que aquela era minha única oportunidade. Agora ou nunca.

Quando escureceu o bastante para que ninguém fosse capaz de me ver, saí correndo pela estrada, pulei dentro da vala e entrei no cano. Ele estava parcialmente cheio, então afundei na água gelada. A correnteza estava tão forte que logo perdi os sapatos. Entre o frio e a exaustão, senti que estava prestes a dormir, então pus uma tampa de madeira do meu lado esquerdo, a outra à direita, e me permiti perder a consciência. Não sei quanto tempo dormi, mas, quando acordei, as peças de madeira fixadas de cada lado estavam cheias de balas. Trinta e oito na peça de madeira da direita, dez na da esquerda. Se eu não tivesse aquelas tampas de barril de picles, estaria morto, teria virado comida para os ratos. Por isso nunca vi ninguém saindo daqueles canos: quando caminhávamos, os SS ficavam atrás e atiravam naqueles canos com suas submetralhadoras.

Quando saí dali, não havia nazistas. Nenhum. Eu estava livre! Mas em péssimo estado. Peguei uma pedra e risquei o número tatuado em meu braço até sangrar, deixando a tatuagem nazista invisível. Caminhei durante muito tempo até chegar a uma casinha bem parecida com aquela em que fora baleado na Polônia. Ainda era muito cedo quando bati na porta. Uma moça, de dezessete ou dezoito anos, apareceu.

"Não se preocupe", falei em bom alemão. "Sou alemão, como você. Também sou judeu. Preciso de ajuda. Será que seu pai ou seu irmão me ajudam com um par de sapatos? É tudo que peço."

Ela chamou o pai, e ele veio à porta, um homem de uns cinquenta anos. Ele me olhou do braço — que ainda estava sangrando — à cabeça, onde eu tinha um corte de cabelo de prisioneiro, e começou a chorar. Ele me deu a mão.

"Entre", disse.

"Não", retruquei. Eu não confiava nas pessoas.

Ele insistiu em me dar roupas: um blusão, um gorro de brim grosso e sapatos de verdade de couro, algo que eu não usava havia três anos. Joguei fora meu gorro listrado de prisioneiro na hora.

O homem me disse para dormir naquela noite no galpão onde guardava feno, trinta metros atrás da casa, e que me ajudaria de manhã. Dormi no galpão, mas, de manhã bem cedo, saí de mansinho e caminhei quatro quilômetros até a floresta, onde poderia me esconder em segurança. Encontrei uma caverna para dormir naquela noite, mas não era um bom lugar. No meio da madrugada, centenas de morcegos começaram a voar em volta, atingindo-me na cabeça. Por sorte, eu não tinha cabelo para eles acabarem embolados!

No dia seguinte, achei outra caverna, onde ninguém jamais me encontraria. Era tão profunda e escura que às vezes eu não conseguia localizar a saída. Minhas refeições diárias eram caracóis e lesmas, que eu capturava e comia crus. Um dia, uma galinha entrou na minha caverna, e pulei sobre ela, matei a pobrezinha com as mãos. Estava desesperado de fome, mas não consegui fazer fogo para cozinhá-la. Tentei com gravetos e pedras, sem sucesso. Apanhei um

O homem mais feliz do mundo

pouco de água em um riacho, mas ela estava envenenada. Fiquei tão doente que não conseguia mais ficar de pé.

Decidi que não tinha condições de continuar. Estava muito doente, não conseguia andar. Disse a mim mesmo: se me matarem agora, estarão me fazendo um favor. Arrastei-me sobre as mãos e os joelhos e cheguei à rodovia. Ergui os olhos. Descendo a estrada, vi um tanque... um tanque americano!

Aqueles belos soldados americanos. Jamais esquecerei. Eles me puseram em um cobertor e acordei uma semana depois em um hospital alemão. A princípio, achei que tinha ficado maluco, louco, porque no dia anterior estava em uma caverna e naquele instante me encontrava em uma cama com lençóis brancos e travesseiros e enfermeiras por toda parte.

O homem encarregado do hospital era um professor com uma bela barba grande. De vez em quando, ele se aproximava da minha cama para ver como eu estava. Porém, por mais que eu perguntasse, não me dizia quais eram as minhas condições.

Eu sabia que estava mal. Estava com cólera, febre tifoide e subnutrido, pesando apenas 28 quilos. Um dia, uma enfermeira chamada Emma se aproximou. Ela pôs a cabeça em meu cobertor para checar se eu estava respirando, e agarrei seu braço e falei: "Emma, não vou largar seu braço até você me dizer o que o médico lhe disse." Comecei a chorar.

Ela sussurrou em meu ouvido: "Você tem 65% de chance de morrer. Você terá sorte se tiver 35% de chance de viver."

Naquele momento, fiz uma promessa a Deus de que, se eu vivesse, me tornaria uma pessoa inteiramente nova. Prometi que deixaria o solo alemão e nunca mais voltaria àquela terra que me dera tudo e depois me tirara tudo. Prometi que dedicaria o resto de minha vida a consertar o mal que os nazistas haviam feito ao mundo e que viveria cada dia ao máximo.

Acredito que, se você tem um bom estado de espírito, se consegue se apegar à esperança, seu corpo pode fazer coisas milagrosas. O amanhã virá. Quando você está morto, está morto, mas onde há vida, há esperança. Por que não dar uma chance à esperança? Isso não lhe custa nada!

E, meu amigo, eu vivi.

CAPÍTULO 11

Sempre há milagres, por mais sombrio que o mundo pareça.

Fiquei seis semanas no hospital, me recuperando lentamente. Quando melhorei, decidi ir para a Bélgica procurar minha família. Antes de partir, tirei documentos básicos de refugiado e recebi roupas simples (calças, duas camisas e um gorro).

Viajei a pé, pegando carona quando dava. Na fronteira, pararam-me e me disseram que eu não tinha permissão de entrar no país por ser alemão.

"Não", falei para o homem na fronteira. "Eu não sou alemão. Sou um judeu que a Bélgica entregou aos nazistas para morrer. Mas eu vivi. E agora vou voltar para a Bélgica."

Eles não puderam argumentar contra isso e não apenas me deixaram entrar, como me deram o dobro do alimento racionado. Permitiram-me ter manteiga, pão e carne a mais. Todas essas coisas eram escassas com o racionamento pós-guerra.

Fui para Bruxelas, voltando ao ótimo apartamento onde meus pais moraram quando fugimos da Alemanha. O apartamento ainda estava lá, mas sem nenhum dos pertences que eles haviam sido obrigados a abandonar quando foram se esconder — e, é claro, minha família não estava lá. Apenas cômodos vazios. Foi muito difícil estar ali, sabendo que nunca mais os veria. Não consegui encontrar ninguém da família. Antes da guerra, eu tinha mais de cem parentes em toda a Europa. Depois, até onde eu sabia, era apenas eu.

Acho que não senti muita alegria com a libertação. Libertação é liberdade, mas liberdade para quê? Para estar sozinho? Para ter que dizer o *Kadish* (uma prece judaica) em memória de outras pessoas? Isso não é vida. Conheço muita gente que se matou quando fomos libertados. Com frequência, eu ficava muito triste. Estava muito solitário. Sentia muita falta de minha mãe.

Eu tinha que decidir o que fazer: viver ou encontrar um comprimido e morrer como meus pais. Mas fizera uma promessa a mim mesmo e a Deus de que tentaria ter a melhor existência que pudesse, ou então a morte de meus pais e todo o sofrimento teriam sido em vão.

Então, escolhi viver.

Sem ter para onde ir e ninguém para encontrar, eu passava o tempo em uma cantina montada por uma sociedade assistencial judaica. Eles forneciam refeições e companhia para refugiados judeus por toda Bruxelas, bem como para soldados judeus de todos os exércitos dos Aliados. Que coisa incrível de ver. Depois de anos vendo meu povo sendo surrado, perseguido e ficando esquelético de fome, eu me encontrava cercado por combatentes judeus fortes, calejados pela batalha, saudáveis. Soldados do mundo inteiro: Europa, Estados Unidos, Inglaterra, Palestina. Que visão incrível. Mais incrível ainda: ali, na fila para receber comida com o restante dos homens, meu melhor amigo no mundo. Kurt!

Ah, isso foi extraordinário! Dá para imaginar? Aquele homem que era como um irmão para mim, que estivera a meu lado e me ajudara a sobreviver durante o inferno na Terra, e que eu achava ter deixado em Gleiwitz para morrer. Ali estava ele, tomando café e comendo bolo, são e salvo na Bélgica. Ah, fiquei tão feliz por vê-lo! Nós nos abraçamos e choramos lágrimas de alegria.

Ele me contou sua história enquanto comíamos. Estava escondido no buraco havia apenas dois dias quando ouviu botas pesadas de soldados se aproximando. Ele e os outros homens ficaram apavorados, pensando que com certeza aquele era seu último dia, até que ouviram os soldados falando russo e se renderam. Levaram algum tempo para convencer os russos de que eram prisioneiros inofensivos. Eles não falavam russo, e os russos não falavam alemão.

O homem mais feliz do mundo

Os russos tinham visto as provas das atrocidades nazistas por toda a Europa e estavam loucos de fúria, com toda a razão. Mas, quando perceberam que Kurt e os outros eram vítimas, cuidaram bem deles. Alimentaram, deram roupas e os levaram para Odessa, onde eles permaneceram seguros pelo resto da guerra. Kurt conseguiu um transporte de navio de Odessa para Bruxelas e chegara à cidade meses antes de mim.

O reencontro com Kurt me encheu de alegria. Eu estava certo de que ele era um homem morto, de que nunca mais o veria. Agora estávamos ali, tomando café e comendo bolo. Eu já não estava mais sozinho no mundo. Estava órfão e não sabia o que acontecera com minha irmã, mas voltei a ter uma família em Kurt. Isso era um sinal para continuar em frente, para não desistir. Quantas vezes na vida eu o havia perdido e reencontrado... Sempre um milagre.

Juntos, decidimos ir para um centro de refugiados que fornecia comida e vales para o racionamento, mas ao virar a esquina eu e Kurt ficamos desanimados com a fila, que se estendia por toda a rua, centenas de refugiados judeus que haviam perdido tudo.

"Nunca conseguiremos seguir em frente se dependermos de caridade", falei para Kurt. "Precisamos encontrar um emprego." Então, deixamos a fila e fomos a um escritório de empregos. Aparecemos lá e nos recusamos a ir embora enquanto não tivéssemos encontrado trabalho.

Kurt era um hábil marceneiro e logo se tornou gerente de uma pequena fábrica que fazia belos móveis. Eu encontrei um anúncio de um homem que queria abrir uma fábrica de ferramentas para a ferrovia e precisava de um engenheiro de precisão. O sr. Bernard Antcherl era um homem muito gentil e generoso. Fomos juntos para a Suíça, e ele comprou toda a maquinaria especializada de que precisaríamos. Logo, eu era o supervisor da fábrica e gerenciava vinte e cinco operários.

Uma semana depois de conseguirmos nossos primeiros empregos, Kurt e eu fizemos um depósito para um apartamento encantador no coração de Bruxelas. Tínhamos um carro e dinheiro o suficiente, mas às vezes nos sentíamos mal, porque a vida de repente ficara tão boa. As pessoas ainda suspeitavam de judeus que pareciam prósperos. Velhas atitudes antissemitas não desaparecem da noite para o dia. Às vezes, eu entreouvia pessoas na fábrica dizendo coisas como "judeus gananciosos" ou insinuando que eu estava tirando o emprego de uma família belga. Isso doía muito, ainda mais depois de a Bélgica ter levado minha família inteira.

Mas não minha família inteira! Alguns meses depois de ter me estabelecido em Bruxelas, o jornal judaico local publicou uma foto minha em uma seção onde sobreviventes do Holocausto podiam informar que ainda estavam vivos a seus familiares dispersos. Logo depois, encontrei minha irmã Henni em uma pensão. Ela sobrevivera à guerra depois de termos nos separado na Marcha da Morte e vivera os últimos meses em relativa segurança, trabalhando em uma fazenda de maçãs perto do campo de concentração de Ravensbrück. Dois milagres! Minhas duas pessoas mais queridas no mundo haviam sobrevivido! Eu não podia acreditar. Decidimos que ela deveria morar conosco.

Eu pensara que havia perdido minha família e a chance de algum dia ter uma, mas, agora, duas das minhas pessoas favoritas no mundo estavam vivas e ao meu lado! Eu tinha uma família, apesar de tudo, e podia recomeçar a reconstruir a vida.

Certa noite, estávamos sentados em nosso apartamento lendo o jornal *Le Soir* e deparamos com um artigo sobre duas moças judias que haviam tentado suicídio pulando de uma ponte. Elas estiveram em Auschwitz II-Birkenau e ao retornar a Bruxelas descobriram que suas famílias inteiras haviam morrido. Decidiram acabar com suas vidas. A ponte da qual escolheram pular não era muito alta, mas uma barcaça passava com frequência embaixo dela. Se você caísse no deque, com certeza morreria. As pobres moças haviam errado o alvo e caído na água, e foram na mesma hora presas e levadas para o hospital psiquiátrico. Decidimos que precisávamos fazer alguma coisa para ajudá-las.

Kurt e eu fomos ao hospital e pedimos para ver as moças. Na enfermaria, onde as duas estavam com uma terceira jovem judia que também tentara se matar, nosso coração se partiu; aquele hospital não era lugar para aquelas mulheres. As condições eram horríveis. Abordei o funcionário encarregado do hospital e lhe disse que queria assumir a responsabilidade por elas.

"Tenho um bom apartamento, tenho dinheiro suficiente, posso cuidar dessas pessoas. Por favor, não as deixe trancadas. O hospital é terrível. Mesmo alguém perfeitamente são em três meses acabaria enlouquecendo."

Consegui convencê-lo, e então as três moças vieram morar conosco. Abri a porta do apartamento e disse a elas: "Olhem, somos dois homens, mas não haverá nada indecente. De agora em diante, vocês são minhas irmãs." Moramos juntos enquanto elas se recuperavam do suplício dos campos. Com frequência, eu as levava de carro ao hospital, onde elas tomavam banho com sulfatos, pois tinham a pele em condições terríveis. Todos nós tivemos que tomar esses banhos, até minha irmã, cuja saúde estava melhor do que a minha e a de Kurt. Às vezes, Kurt e eu tínhamos que ir duas vezes por semana. Mas logo elas estavam se sentindo bem melhor. Não eram loucas, nunca haviam sido.

Apenas tinham passado por um inferno. Tudo de que precisavam era um pouco de bondade. Isso era algo que quem não tivera a experiência dos campos tinha dificuldade de entender. Para mim e Kurt, dar-lhes um lar e um lugar para se recuperarem foi uma maneira de retribuir, de agradecer a Deus por nos manter vivos. Com o tempo, elas estavam totalmente recuperadas e saíram para o mundo a fim de encontrar emprego e maridos amáveis. Desde então, nós nos correspondemos.

Conhecer e ajudar essas meninas me fez entender os conselhos de meu pai: é dever dos afortunados ajudar aqueles que estão sofrendo, e dar é melhor do que receber. Sempre há milagres no mundo, mesmo quando tudo parece perdido. E, quando não há milagres, você pode fazê-los acontecer. Com um simples ato de bondade, você pode tirar uma pessoa do desespero, e isso pode salvar a vida dela. E esse é o maior milagre de todos.

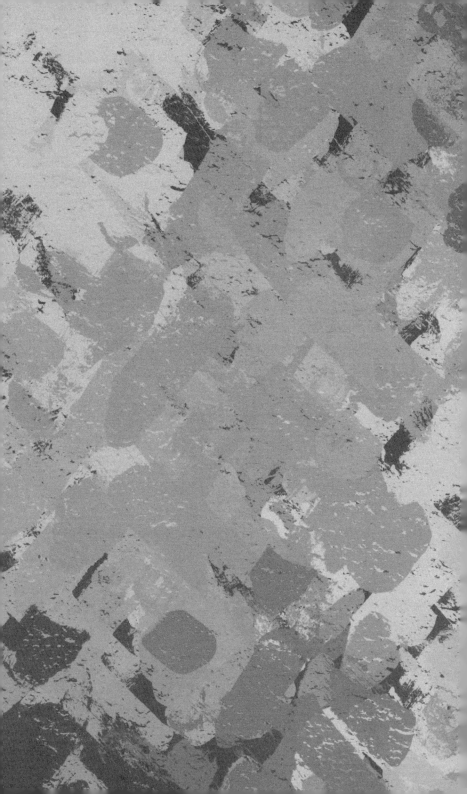

CAPÍTULO 12

O amor é o melhor remédio.

Eu não me sentia totalmente em casa na Europa. Era difícil esquecer que estávamos cercados de pessoas que não haviam feito nada para impedir a perseguição, a deportação e o assassinato do meu povo. No total, mais de 25 mil judeus foram deportados da Bélgica. Menos de 1.300 sobreviveram.

Em Bruxelas, às vezes eu me sentia cercado de colaboradores. As pessoas que denunciaram meus pais (nunca saberei quem foram) podiam estar sentadas à mesa ao lado, tomando café. Judeus foram denunciados por ódio, antissemitismo, medo ou mesmo ganância. Muitas famílias foram assassinadas porque os vizinhos cobiçavam suas posses e queriam tomar seus pertences depois que fossem deportadas.

Um dia, eu e Kurt estávamos andando na bela praça do mercado de Bruxelas e vi algo em que não pude acreditar.

O homem mais feliz do mundo

Virei-me para Kurt e apontei para um homem que vestia um terno elegante do outro lado da praça.

"Está vendo aquele homem?", perguntei. "Garanto a você que aquele terno é meu!"

"Você está brincando!"

"Não. Vou segui-lo." A última vez que eu vira aquele terno, ele estava pendurado no guarda-roupa do apartamento de meus pais.

Seguimos o homem até ele entrar em um café, e então me aproximei e o confrontei. Eu lhe disse que ele estava usando um terno meu e lhe perguntei onde o conseguira. Ele me disse que eu era louco, que um alfaiate o costurara para ele. Eu sabia que ele estava mentindo. Era um terno muito diferenciado, e eu o encomendara em Leipzig, com a barra mais curta, para andar de bicicleta. Chamei um policial.

"Está vendo aquele homem sentado no café? Ele roubou meu terno."

"Está bem", disse o policial. "Vamos pedir para ele tirar o paletó."

A princípio, o homem se recusou, mas acabou cedendo. Quando ele tirou o paletó, dito e feito, tinha a marca do excelente alfaiate que eu visitara em Leipzig antes da guerra. O homem não sabia nem ler a etiqueta em alemão e, encabulado, concordou em me devolver o terno. Ele era inofensivo, um mero ladrão, mas ainda havia ver-

168

dadeiros colaboradores circulando, com sangue judeu nas mãos.

Certa vez, eu estava caminhando e dei de cara com o *kapo* de meu dormitório, o judeu criminoso encarregado de controlar os outros judeus. Não pude acreditar que ele estava vivo, que estava livre. Fui à polícia e pedi que ele fosse levado à justiça, e me disseram para esquecer aquela história. Ele casara com a filha de um poderoso político em Bruxelas, e a polícia não queria se envolver.

Eu e Kurt pensamos em fazer justiça com as próprias mãos, mas, depois de nos ver, esse homem tomou as devidas precauções. Ele ia a toda parte em grupo, como se fossem guarda-costas, e estava sempre acompanhado por dois lindos pastores-alemães. Ele, assim como muitos outros criminosos e assassinos, não teriam de enfrentar a justiça.

Pelo visto, a Bélgica não conseguia decidir o que fazer em relação a mim. Como refugiado, eu tinha permissão para ficar em Bruxelas apenas seis meses seguidos. Apesar disso, eu era o encarregado de uma fábrica e tinha assinado um contrato de dois anos!

Saí investigando e encontrei a mulher da foto que eu recebera após o trem da morte em Buchenwald. Eu lhe contei que ela estava presente nos últimos pensamentos de seu marido. Ela ficou muito comovida e me convidou para jan-

O homem mais feliz do mundo

tar com sua família. Cheguei em um belo terno, levando flores e bolos, mas me senti muito mal recebido pela família.

"Ah", disse o pai com uma careta. "Você é judeu." Fui embora sem comer. Eu disse à mulher que não poderíamos ser amigos. Se fôssemos, ela perderia a família.

Para nós, sobreviventes, era difícil tentar se encaixar na sociedade belga. O antissemitismo ainda era muito comum, e nosso nível de confiança no mundo era muito baixo. Tínhamos visto horrores que só quem havia visto também era capaz de entender. Mesmo aqueles que tinham boas intenções e tentavam demonstrar empatia nunca compreenderiam. A única pessoa que de fato entendia pelo que eu passara era Kurt, mas não poderíamos ficar juntos para sempre. Ele encontrou uma namorada, Charlotte, uma mulher encantadora, e eles se casaram em fevereiro de 1946.

E então, justo quando eu temia jamais voltar a pertencer a algum lugar ou a alguém, conheci uma linda mulher chamada Flore Molho. Ela nascera em uma família de judeus sefaraditas em Tessalônica, na Grécia, mas fora criada na Bélgica. Quando a conheci, ela trabalhava na Maison Communale, a prefeitura da municipalidade de Molenbeek em Bruxelas, onde se recebia vales de alimentos durante o período de racionamento pós-guerra.

Um dia, entrei para apresentar meu cartão duplo de racionamento e receber meus vales de alimentos. Chamaram Flore e lhe disseram que havia um homem com uma tatuagem. Ela ouvira histórias sobre os campos de concentração e fazia questão de falar com todos que haviam passado por isso, então veio me ver. Eu me apaixonei à primeira vista. Eu lhe disse que queria lhe dar tudo, levá-la para longe e começar uma nova vida, e ela riu. Voltou para o escritório e contou a todos que um dos prisioneiros libertados se oferecera para levá-la para o exterior. Todos acharam hilário.

Ela tivera muita sorte durante a guerra. Era judia, mas sobrevivera se escondendo. Quando a Alemanha invadiu a Bélgica, em maio de 1940, ela trabalhava em um conselho local, mas os nazistas não sabiam que era judia. A vida ficou mais difícil com a escassez e as proibições impostas, desde tocar música americana até andar pelas ruas à noite, mas, de certa maneira, sua vida continuou normal. Ela ainda trabalhou e morou em casa até 1942, quando recebeu ordem para se apresentar à sede da Gestapo local. Fora denunciada por um colega que queria que a esposa ficasse com o emprego de Flore, e foi informada de que não poderia mais trabalhar no conselho. Então lhe deram uma lista de itens para pegar (garfo, faca, cobertor) e lhe disseram para se apresentar, em 4 de agosto de 1942, no antigo quartel militar de Mechelen, para ser deportada.

Nesse meio-tempo, seu chefe no conselho soube do destino que a esperava e conseguiu, por meio da resistên-

O homem mais feliz do mundo

cia belga, que ela fosse levada para a França, onde assumiria uma identidade falsa. Ela adotou o nome de Christiane Delacroix, que significa Cristina da Cruz, o nome mais cristão no qual ela pôde pensar. Durante os dois anos seguintes, viveu em Paris, conhecida por todos como Christiane Delacroix, exceto pelo próprio irmão Albert e sua cunhada Madeleine, com os quais dividia um apartamento.

Quando Paris foi libertada, em agosto de 1944, ela se juntou à multidão na Avenue des Champs-Élysées, saudando o general Charles de Gaulle em seu desfile da vitória. Semanas depois, voltou para Bruxelas.

Ela não se apaixonou por mim de imediato. Para falar a verdade, primeiro ela sentiu pena, não amor. Não a culpo por ter tido pena de mim! Eu carregava muitas cicatrizes dos campos. O golpe que recebi da arma do guarda da SS continuou a me causar dores de cabeça durante muitos anos, e a desnutrição causava furúnculos terríveis em meu corpo.

Em uma das primeiras vezes que saímos, Flore e eu fomos ao cinema, mas eu tinha um furúnculo horrível no traseiro. Sentia uma dor terrível ao ficar sentado, então ficava me mexendo.

"O que há de errado com você? Por que não fica quieto?", sussurrou ela. Eu não sabia como explicar. Quando cheguei em casa, pedi a Kurt para lancetá-lo para mim, para que eu pudesse ter um alívio.

Mas nós nos vimos de novo e, com o tempo, nos apaixonamos cada vez mais. O amor é como todas as coisas boas na vida: exige tempo, exige esforço, exige compaixão. Em 20 de abril de 1946, nós nos casamos em uma cerimônia civil. Meu chefe, o sr. Antcherl, que fora tão gentil comigo, ofereceu-se para acompanhar Flore. E o chefe de Flore, que a salvou dos campos, oficiou. A mãe de Flore, Fortunée, chorou lágrimas de felicidade. Era uma mulher maravilhosa, que me aceitou na família de braços abertos e logo me fez sentir como se eu fosse seu filho. Assim, ganhei uma esposa e uma mãe.

Flore e eu éramos pessoas muito diferentes, mas foi isso que me encantou tanto nela. Eu era muito prático, metódico e gostava de trabalhar com máquinas e números. Ela adorava conhecer pessoas novas, ouvir música, preparar uma boa refeição e ir ao teatro. Quando assistíamos a um espetáculo juntos, ela sabia a peça de cor e podia sussurrar as falas ao mesmo tempo que os atores! Isso era o que nos tornava um casal tão bom. Você não quer se apaixonar por um reflexo de si mesmo! Uma parceria forte precisa ser com um homem ou mulher diferente de você, que o desafia a experimentar coisas novas, a se tornar uma pessoa melhor.

Eu era uma pessoa muito difícil quando me casei. Não queria sair para dançar, não queria ir ao cinema. Não queria ir a nenhum lugar com muita gente. Eu vivera tanto tempo temendo por minha vida que não conseguia deixar de pensar como um sobrevivente. Fora programado para ficar alerta a sinais de perigo. Minha esposa não sabia nada disso. Quem não estivera nos campos não percebia como as pessoas podiam ser cruéis e a facilidade com que você pode perder a vida.

Eu ainda carregava muita dor. Um velho amigo da família em Leipzig visitou a antiga casa de nossa família, há muito tempo abandonada, e me enviou uma caixa de objetos pessoais recuperados. Quando a recebi, eu a abri com dedos trêmulos e encontrei um verdadeiro tesouro de fotos e documentos. Meus antigos documentos legais; diferentes carteiras de identidade; um talão com o qual meu pai começara a pagar um seguro para mim; um livro de exercícios da época em que me formei como Walter Schleif. Muitas fotos de todos os meus entes queridos que eu nunca mais veria.

Foi muito, muito comovente. Eu chorei. Minha irmã se recusava a examinar os papéis e fotos, estava transtornada demais. É possível esquecer quanta dor você carrega, quanta mágoa existe em seu inconsciente, até estar diante de evidências de tudo o que perdeu. Ao segurar aquelas fotos de minha falecida mãe, fui tomado pelo pensamento de que todos que amei haviam ido embora e nunca voltariam. E ali estava a prova: uma caixa de memórias, de fantasmas.

Foi um choque. Durante muito tempo, deixei a caixa de lado e não conseguia me forçar a examinar seu conteúdo.

Eu não era um homem feliz.

Para ser sincero, eu não sabia ao certo por que ainda estava vivo, ou se queria de fato viver. Olhando para trás, sinto-me mal por minha esposa. Ela precisou lidar com muitos desafios em nossos primeiros anos como casal. Eu era um mero fantasma miserável, e ela era uma pessoa muito vivaz, totalmente assimilada na sociedade belga, com muitos amigos dos mais diferentes tipos. E eu era quieto e reservado, triste.

Mas tudo isso mudou quando me tornei pai.

Mais ou menos um ano depois de nos casarmos, Flore ficou grávida. Para sustentar a família, aceitei um emprego em uma empresa que instalava equipamentos cirúrgicos por toda a Europa. Isso envolvia viajar para uma cidade, instalar máquinas muito específicas e complexas para operações médicas e depois passar algum tempo ali, treinando funcionários locais para operar as máquinas e fazer a manutenção. Ao todo, cada serviço exigia três ou quatro dias. Eu estava no meio de uma dessas tarefas quando fui informado de que minha esposa entrara em trabalho de parto. Na mesma hora, meu chefe alugou um aviãozinho para me levar de volta a Bruxelas. Era um troço mínimo, sem sequer uma cabine fechada, apenas o piloto e eu no céu, com uma touca e óculos de proteção. Fomos pegos por uma tempestade, e pensei que nunca mais veria minha esposa ou conheceria meu filho. O bebê nasceu meia hora depois de eu ter, por fim, chegado a Bruxelas.

Quando segurei meu filho mais velho, Michael, pela primeira vez, foi um milagre. Naquele momento, meu coração foi curado, e minha felicidade retornou em abundância. Desse dia em diante, percebi que eu era o homem mais sortudo da Terra. Fiz a promessa de que, daquele dia até o fim de minha vida, eu seria feliz, educado, prestativo e gentil. Eu iria sorrir.

Daquele momento em diante, tornei-me uma pessoa melhor. Aquele era o melhor remédio que eu podia ter, minha bela esposa e meu filho.

Nossa vida em Bruxelas não era perfeita, mas estávamos vivos! Você tem que tentar ser feliz com o que tem. A vida é maravilhosa se você é feliz. Não olhe para o outro lado da cerca. Você nunca será feliz se olhar para o vizinho e isso o deixar doente de inveja.

Não éramos ricos, mas tínhamos o suficiente. E vou lhe dizer: depois de passar fome na neve durante anos, ter comida à mesa já era maravilhoso. Depois que nos casamos, moramos em um belo apartamento com vista para o Castelo de Belvédère. Era pequeno, mas que prazer era ter aquela vista. Você não precisa ter um castelo com uma vista daquela, a vista é a melhor parte! E, mesmo que pudesse, eu não gostaria de viver no castelo, seria muita coisa para limpar!

Outras pessoas à nossa volta tinham mais dinheiro (*aquele cara dirige um Mercedes, aquele homem tem um relógio de diamantes*). E daí? Não precisávamos de carro. Compramos uma bicicleta de dois lugares para passearmos juntos. É claro que olhei para ela e concluí que podia ser melhor, então instalei dois motorzinhos para pedalarem por nós. Quando estávamos em terreno plano, eu ligava um motor e, quando subíamos uma ladeira, ligava os dois. Isso era o bastante.

Que milagre era estar vivo e segurar meu belo bebê, abraçar minha bela esposa. Se você me dissesse, quando eu estava sendo torturado e passando fome nos campos de concentração, que eu teria tamanha sorte, eu jamais teria acreditado. Com o tempo, minha esposa se tornou muito mais do que uma esposa, tornou-se minha melhor amiga. O amor me salvou. Minha família me salvou.

Eis o que aprendi: a felicidade não cai do céu; está em suas mãos. A felicidade vem de dentro de você e das pessoas que você ama. E, se você é saudável e feliz, é um milionário.

A felicidade é a única coisa no mundo que duplica cada vez que você a compartilha. Minha esposa duplica minha felicidade. Minha amizade com Kurt duplicou minha felicidade. E você, meu novo amigo? Espero que sua felicidade duplique também.

Todo ano, Flore e eu comemoramos nosso aniversário de casamento em 20 de abril, o dia do nascimento de Hitler. Ainda estamos aqui; Hitler está lá embaixo. Às vezes, quando estamos sentados à noite diante da televisão, com uma xícara de chá e um biscoito, eu penso: não é que temos sorte? Na minha cabeça, esta é mesmo a melhor vingança, e a única na qual estou interessado: ser o homem mais feliz do mundo.

CAPÍTULO 13

Todos nós
fazemos parte
de uma sociedade
maior, e o
trabalho é nossa
contribuição para
uma vida livre e
segura para todos.

Nós não podíamos ficar na Bélgica. Tecnicamente, eu ainda era um refugiado e, a cada seis meses, tinha que solicitar minha permanência. Éramos muito felizes ali, mas não dava para construir uma vida a cada seis meses. Kurt se mudara para Israel com a esposa, e minha irmã fora para a Austrália, casou e começou a própria família.

Fiz duas solicitações, uma para a Austrália e a outra para a França. Em março de 1950, recebi uma permissão para morar e trabalhar na Austrália. Viemos para Sydney no navio a vapor *MS Surriento*, que, de Bruxelas a Paris, depois de Paris a Gênova e então para a Austrália, demorava um mês. Chegamos a Sydney em 13 de julho. As despesas de viagem para nós três somavam mil libras esterlinas, e foram pagas pelo American Jewish Joint Distribution Committee (Comitê Judaico-Americano de Distribuição Conjunta), uma organização humanitária judaica também conhecida como

Joint. Prometi pagá-los o que devia e o fiz assim que pude. Eles ficaram muito surpresos e disseram que não eram muitas as pessoas que os reembolsavam, mas era algo que eu queria fazer. Com esse dinheiro poderiam ajudar outra pessoa, assim como eu havia sido ajudado.

Chegamos a Sydney em uma quinta-feira e fui me apresentar direto no escritório da Elliot Brothers, na O'Connell Street, onde eu trabalharia fazendo instrumentos médicos. Levei minha esposa e meu filho, já que não tínhamos para onde ir.

O chefe riu.

"Só preciso de uma pessoa para fazer os instrumentos, não de três!", disse ele. Então, trouxe as plantas de uma máquina muito complicada, de um tipo que era fabricado na Europa antes de a indústria ser destruída pela guerra.

"Ah, sim", comentei. "Muito fácil."

Comecei na segunda-feira seguinte.

Aquele inverno em Sydney foi um dos mais úmidos da história. Nos três meses seguintes à nossa chegada, não parou de chover. Acho que vi mais sol em Auschwitz. Minha esposa e eu ficamos muito desanimados. Havíamos visto fotos de Sydney com belas praias e palmeiras, e, em vez disso, a cidade ficou totalmente fria e molhada por semanas e semanas. Tudo o que tínhamos ficou úmido. Eu voltava do trabalho, pendurava a camisa para secar e a umidade do ar penetrava nela. Começamos a nos perguntar se havíamos cometido um erro.

Mas então o sol apareceu, e foi encantador.

Encontramos um quarto em uma casa muito boa no subúrbio de Coogee, dividindo-a com uma família polonesa, os Skorupa, primos de meu pai. Eles não me conheciam, nunca tinham ido à Alemanha, mas foram muito gentis e generosos conosco. Harry e Bella Skorupa eram um casal humilde e modesto com três filhos: Lily, Ann e Jack. Eles estavam dispostos a amparar nossa família e nos receber em sua casinha em Coogee. Abriram mão das próprias camas para nos acomodar, e ficamos com eles por vários meses.

Harry Skorupa era alfaiate, e nos tornamos melhores amigos após um acidente terrível. Ele adormeceu sobre uma garrafa de água quente, e seus filhos estavam tentando tirá-la de baixo dele. Cada um deles fez força em lados diferentes, e de repente a garrafa explodiu. Por sorte, as crianças não se machucaram, mas Harry sofreu queimaduras graves, o que era complicado, porque ele tinha diabetes.

Eu o levei ao hospital. A lesão era terrível, toda a pele de suas costas se soltara. Ele precisou de tratamentos regulares para se recuperar: toda manhã, de pijama, eu o levava ao hospital e voltava para dormir mais uma hora antes de ir trabalhar. Durante o longo percurso, acabamos nos aproximando.

O homem mais feliz do mundo

A Austrália foi generosa conosco. Não muito tempo depois de chegarmos, eu estava em um hotel em Botany, socializando com alguns amigos do trabalho, e um homem chamado Walter Rook se aproximou, disse-me que eu parecia ser novo no país e perguntou se eu estava à procura de uma casa para comprar. Ele disse que tinha um terreno em Brighton-Le-Sands, muito perto da praia, onde estava construindo duas casas idênticas. Será que eu gostaria de comprar uma delas? Eu lhe disse que não tinha dinheiro, e ele retrucou que isso não era problema: ele me ajudaria a conseguir um bom crédito e a me estabelecer na Austrália.

Nós nos mudamos em novembro de 1950, e nunca olhamos para trás. Onze meses depois, a mãe de Flore, de quem eu gostava muito, veio da Bélgica para a Austrália para morar conosco, e construímos um quarto a mais na casa a fim de acomodá-la. Ela também prosperou na Austrália, firmando-se como costureira e reunindo uma clientela de mulheres muito glamourosas em Sydney. Senhoras de toda a cidade a procuravam, uma vez que havia muito poucas costureiras europeias.

Naqueles anos, Flore e eu também recebemos nosso segundo maravilhoso filho, Andre. Eu pensava que nunca seria tão feliz quanto no dia em que segurei pela primeira vez meu filho mais velho, mas Andre provou que eu estava errado. Ao segurá-lo, ao ver seu irmão o olhar pela primeira vez, achei que meu coração não fosse aguentar tanta felicidade. Isso fez todo o sofrimento que eu passara parecer um pesadelo distante. Que coisa maravilhosa, uma alegria perfeita, para acrescentar à minha família crescente.

Em 1956, passei pelo Coogee Hotel e eles estavam em reforma, jogando fora todo o bar e os painéis de revestimento. Comprei tudo por uma pechincha e os instalei em minha casa, ganhando um pub maravilhoso em meu próprio lar! E ainda usei o balcão para fazer duas escrivaninhas para meus filhos. Comecei a pensar na Austrália como o paraíso do trabalhador. Não podia acreditar nas oportunidades que o país oferecia.

Decidi que precisava fazer algo que a sociedade australiana valorizasse muito. Olhando ao redor, reparei que todo australiano adorava uma coisa: automóveis. Embora eu tivesse pouca experiência com carros, sabia que era capaz de adaptar minhas habilidades de engenharia e consegui um emprego em uma empresa especializada em consertar Holdens. Com minha afinidade por máquinas, logo aprendi a consertar carros e fazer a manutenção deles. De vez em quando, encontrava algo que não entendia, então levava o manual de instruções para o banheiro a fim de aprender em segredo a resolver o problema!

Em meados dos anos 1950, eu tinha experiência suficiente para abrir meu próprio negócio, então comprei um posto de gasolina na Botany Road, em Mascot. Pendurei uma placa: "Posto do Eddie." Flore e eu trabalhávamos em equipe: eu consertava os carros, ela os abastecia, calibrava pneus, cuidava dos funcionários, vendia peças sobressalentes e cuidava dos registros contábeis. Em alguns anos, ampliamos o negócio até empregarmos uma equipe inteira de profissionais de automóveis. Oferecíamos consertos, lanternagem, serviço elétrico e tínhamos até um salão de carros novos que vendia automóveis da Renault.

Mas não se pode trabalhar com as mãos para sempre. Em 1966, vendemos a oficina, e eu tirei umas bem merecidas férias de sete meses na Europa e em Israel, para visitar parentes e amigos. Na volta, tornei-me vendedor de imóveis, empregado por um agente em Bondi Beach. Estudei para obter minha licença de corretor e então abri minha própria agência imobiliária, a E. Jaku Real Estate.

Trabalhamos ali até ultrapassarmos a marca dos noventa anos de idade, quando, por fim, decidimos que era hora de nos aposentarmos. Durante décadas, Flore e eu íamos ao escritório todos os dias para trabalhar lado a lado, uma ótima equipe nos negócios, assim como na vida. Tivemos o prazer de vender ou alugar a primeira propriedade de muita gente, e até hoje meus filhos de vez em quando encontram alguém que se lembra de ter nos conhecido décadas atrás e lhes diz que fomos os únicos agentes imobiliários honestos da sua vida!

Nós nos lembrávamos da experiência de sermos refugiados, da importância da bondade e de termos sido ajudados pelos Skorupa quando chegamos. Até hoje, somos muito próximos de Lily Skorupa, a filha de Harry e Bella. Então nos assegurávamos de fazer o possível para auxiliar famílias jovens e aqueles que precisavam de uma ajudinha para começar a vida.

Aprendi muito cedo que todos nós somos parte de uma sociedade maior e que nosso trabalho é nossa contribuição para uma vida livre e segura para todos. Quando eu ia a um hospital, via instrumentos feitos por mim e sabia que eles estavam sendo usados todos os dias para tornar a vida melhor. Isso me dava uma felicidade enorme. O mesmo é verdade para cada trabalho que você faz. Você é professor? Você torna a vida de jovens mais rica todos os dias! Você é chefe de cozinha? Cada refeição que você prepara traz um prazer imenso para o mundo! Talvez você não ame seu emprego, ou trabalhe com pessoas difíceis. Ainda assim, está fazendo coisas importantes, contribuindo um pouquinho para o mundo em que vivemos. Não se esqueça disso nunca. Seus esforços hoje afetarão pessoas que você jamais conhecerá. Se esse efeito será positivo ou negativo, a escolha é sua. A cada dia, a cada minuto, você pode optar por agir de maneira a inspirar um estranho ou a arrasá-lo. A escolha é fácil. E cabe a você fazê-la.

CAPÍTULO 14

Tristeza compartilhada é metade da tristeza; prazer compartilhado é o dobro do prazer.

Tivemos uma vida maravilhosa na Austrália. Depois da minha experiência durante a guerra, parecia de fato o paraíso. Meus filhos cresceram e tiveram seus próprios filhos. Eu era muito feliz, mas, no fundo, sentia uma tristeza. Meu pai tinha 52 anos quando morreu. Meus filhos hoje são mais velhos do que ele quando morreu. Por quê? Para que todo aquele sofrimento?

Nós sofremos e morremos, e por quê? Para quê? Por causa de um louco, por motivo algum. Aqueles seis milhões de judeus que morreram, todos os inúmeros outros que os nazistas assassinaram, entre eles havia artistas, arquitetos, médicos, advogados, cientistas. Fico muito triste ao pensar no que todos aqueles homens e mulheres instruídos, profissionais, teriam alcançado se tivessem podido viver. Acredito que teríamos a cura do câncer a esta altura. Mas, para os nazistas, não éramos humanos. Eles não conseguiam ver a perda que esses assassinatos trariam ao mundo.

Durante décadas, não falei sobre minhas experiências no Holocausto. Eu não tinha vontade alguma de falar sobre isso porque me doía, e, ao sofrer, você quer se afastar daquilo, não se aproximar para encarar o que está sentindo. Quando você perde a mãe e o pai, todas as tias e os primos, quase todos que amou, como consegue falar sobre isso? Era doloroso demais para mim até mesmo pensar sobre tudo o que eu enfrentara, tudo o que havíamos perdido. Talvez eu quisesse proteger meus filhos; saber a verdade só lhes causaria dor. Então mantive a boca fechada.

Depois de muitos anos, porém, comecei a me fazer outra pergunta: por que eu estou vivo, em vez de todos os outros que morreram de forma tão terrível? A princípio, decidi que Deus, ou qualquer que fosse o poder mais supremo, havia escolhido as pessoas erradas, que eu deveria ter morrido também. Mas então comecei a pensar que talvez eu ainda estivesse vivo porque tinha a responsabilidade de falar sobre isso, e que tinha o dever de ajudar a educar o mundo sobre os perigos do ódio.

Minha esposa se interessa muito por poesia. Sempre achei que ela poderia ter se casado com um poeta, não comigo, e foi apenas sorte minha ela ter me escolhido. Trabalhar com as palavras nunca foi minha vocação. É de máquinas que eu entendo: matemática, ciência, construir coisas usando as mãos. Mas a vontade de contar minha história foi ficando mais forte.

A primeira vez que falei em público foi em uma igreja católica. Amigos próximos em Brighton-Le-Sands eram católicos devotos e me convidaram para compartilhar minha história em uma cerimônia. Foi difícil, mas me ajudou a sair um pouco da minha zona de conforto.

Em 1972, um grupo de vinte sobreviventes se reuniu e disse: "Temos que começar a falar sobre o que aconteceu conosco." O mundo precisava saber. Resolvemos montar uma associação e, se conseguíssemos reunir dinheiro suficiente, criaríamos um lugar onde pudéssemos nos encontrar e falar. Em 1982, formalizamos esse grupo como a Australian Association of Jewish Holocaust Survivors (Associação Australiana de Judeus Sobreviventes do Holocausto). Anos depois, quando nossos filhos se envolveram, nós nos tornamos a Australian Association of Jewish Holocaust Survivors and Descendants (Associação Australiana de Sobreviventes e Descendentes Judeus do Holocausto). Então começamos a procurar um lugar para fundar o Sydney Jewish Museum, o museu judaico de Sydney.

Um dos integrantes de nossa associação era amigo de John Saunders, um empresário muito bem-sucedido que cofundara o Westfield Group com Frank Lowy. Isso aconteceu no auge do sucesso cada vez maior do Westfield Group, quando eles estavam construindo as Westfield Towers na William Street. O sr. Saunders doou seis milhões de dólares para fundar o museu no Maccabean Hall, em Darlinghurst, que foi criado em 1923 para celebrar os soldados judeus que estiveram na Primeira Guerra Mundial. Nascia assim o Sydney Jewish Museum.

Em 2007, expandimos o âmbito do museu. Hoje, ele apresenta não apenas a história do Holocausto, mas a cultura e história judaica na Austrália, que remonta à First Fleet, primeira frota britânica a conduzir os colonos, na qual havia dezesseis judeus.

Em 2011, estabelecemos um grupo menor, no qual sobreviventes podiam se encontrar e compartilhar experiências. Isso era à parte da associação, que era aberta a todos os judeus que se dedicassem à memória do Holocausto. Nosso grupo era apenas para sobreviventes. Nós o chamamos de Focus, e era voltado para pessoas que haviam passado pela experiência dos campos de concentração, que sabiam o que era encarar a morte todos os dias, sentir o cheiro do crematório no ar enquanto os amigos eram assassinados por toda parte. Aqueles que perguntaram "Aonde devo ir para estar a salvo?" e constataram que não havia para onde ir. Que foram traídos, atormentados e quase morreram de fome.

Formamos esse grupo por causa do sentimento de libertação que ele nos deu para finalmente contarmos nossas histórias. Não consigo descrever a sensação de estar na companhia de alguém que esteve lá, que sentiu o mesmo que você, que sabe por que você reage às coisas do modo como reage. Outras pessoas podem tentar, e isso é admirável, mas elas jamais entenderão de fato, uma vez que não tiveram essa experiência. Não importa quantos livros elas leiam ou o quanto se esforcem, isso é algo que apenas nós podemos entender, aqueles que sobreviveram ao Holocausto.

Eu vivia em um país livre, e esse país se tornou minha prisão. Tenho que compartilhar isso com pessoas que sofreram o mesmo. Há um ditado: tristeza compartilhada é metade da tristeza; prazer compartilhado é o dobro do prazer. Há um poema na minha língua materna que expressa nossos sentimentos:

Menschen sterben	(*Pessoas morrem*)
Blumen welken	(*Flores murcham*)
Eisen und stahl bricht	(*Ferro e aço quebram*)
Aber unsere frundshaft nicht	(*Mas não nossa amizade*)

Há sobreviventes que lhe dirão que o mundo é ruim, que todas as pessoas têm o mal dentro delas, que não encontram alegria na vida. Essas pessoas não se libertaram. Seus corpos alquebrados podem ter saído dos campos 75 anos atrás, mas seus corações partidos permaneceram ali. Conheço sobreviventes que nunca tiveram a sorte de sentir a liberdade que advém de largar o fardo do sofrimento para ser capaz de sustentar a felicidade. Até para mim, foram necessários muitos anos para perceber que, enquanto eu ainda tivesse medo e dor no coração, não seria livre de verdade.

Não peço a meus companheiros sobreviventes para perdoar os alemães. Eu mesmo não poderia fazer isso. Mas tive sorte, amor e amizade o bastante na vida para ter sido capaz de me desprender da raiva que sentia por eles. Não faz bem se prender a ela. A raiva leva ao medo, que leva ao ódio, que leva à morte.

Muitos de minha geração criaram seus filhos com a sombra desse ódio e desse medo. Não faz bem aos filhos ensinar-lhes a ter medo. A vida é deles! Eles deveriam celebrar cada minuto dela. Você os trouxe a este mundo, deve apoiá-los, ajudá-los, não os derrubar com pensamentos negativos. Essa é uma lição importante que nós, sobreviventes, precisamos entender. Se você não é livre em seu coração, não tire a liberdade de seus filhos. Sempre digo aos meus: "Eu trouxe vocês a este mundo porque queria amá-los. Vocês não me devem nada além disso. Tudo o que preciso de vocês são sua afeição e seu respeito." É disto que me orgulho: minha família é meu maior feito.

Não há nada tão maravilhoso quanto ver sua família crescer e prosperar e sentir a felicidade dos filhos quando eles próprios se tornam pais. É um vínculo especial. Quando me tornei avô, entendi, de verdade, as coisas mais importantes. Vi a alegria que meu filho teve ao segurar seu filho e ao vê-lo crescer e se tornar uma criança, depois um homem, obter educação, apaixonar-se, construir uma vida... A mesma alegria que senti ao ver meus filhos. Sempre digo que eles não me devem nada, mas eles escutam? Não! Eles desobedecem e me dão tudo o que eu poderia pedir.

Todos os dias, eu me sento à mesa para o café e me encontro cercado de fotos de meus belos filhos, Michael e Andre, suas esposas, Linda e Eva, meus netos, Danielle, Marc, Phillip e Carly, e meus bisnetos, Lara, Joel, Zoe, Samuel e Toby. Neles, vejo a mim mesmo e a minha querida Flore. E também meu pai e minha mãe: vejo o amor que eles me deram em seu breve tempo na Terra. E não há palavras para descrever quão maravilhoso é isso. Os filhos seguirão adiante e terão as próprias lutas e os próprios triunfos; crescerão, construirão e retribuirão a esta sociedade que tanto nos ofereceu. É por isso que vivemos. É por isso que trabalhamos e nos esforçamos para transmitir o melhor de nós à geração seguinte.

A bondade é a maior de todas as riquezas. Pequenos atos de bondade duram mais do que uma vida. Essa lição, de que bondade, generosidade e fé nos homens são mais importantes que dinheiro, é a primeira e a maior que meu

O homem mais feliz do mundo

pai me ensinou. E, com isso, ele sempre estará conosco, e viverá para sempre.

São estas as frases segundo as quais tento viver e que gosto de incluir quando falo em público:

Que você tenha sempre muito amor para compartilhar,

Saúde de sobra,

E muitos bons amigos que queiram o seu bem.

CAPÍTULO 15

Não compartilho minha dor. Compartilho minha esperança.

Durante muito tempo, não quis pôr sobre meus filhos o fardo de minha história. Eles souberam o que aconteceu comigo sem meu conhecimento. Já crescido, meu filho Michael soube que eu falaria na Grande Sinagoga sobre minhas experiências no Holocausto, coisas sobre as quais eu nunca lhe contara. Ele chegou antes de mim e se escondeu atrás das cortinas pesadas, para que eu não soubesse que estava na plateia. Depois, saiu dali às lágrimas para me abraçar. Foi assim que ele soube. Desde então, meus filhos têm estado nas plateias para as quais eu falo, mas nunca consegui conversar com eles sobre isso cara a cara. Quando tento falar com meu filho, vejo meu pai em seu rosto. É difícil demais.

Às vezes, penso que aqueles de nós que não contaram suas histórias por tanto tempo cometeram um erro. Parece, às vezes, que perdemos uma geração que poderia ter ajudado a tornar este mundo um lugar melhor, que poderia ter impedido o ódio que agora cresce em toda parte no mundo. Talvez não tenhamos falado o bastante. Agora existem aqueles que negam o Holocausto, pessoas que não acreditam que aconteceu. Dá para imaginar? Para onde eles acham que seis milhões de nós foram? Onde eles pensam que recebi essa tatuagem?

Sinto que é meu dever hoje contar minha história. Sei que, se minha mãe estivesse aqui, diria: "Faça isso por mim. Tente tornar este mundo um lugar melhor."

Ao longo dos anos, vi minha mensagem começar a se espalhar. Isso é maravilhoso. Falei com milhares e milhares de estudantes, políticos e profissionais. Minha história é para todos. Nos últimos vinte anos, viajei todos os anos para a Australian Defence Force Academy (Academia da Força Aérea Australiana) para falar com jovens soldados. Sãos estas as pessoas que quero alcançar: os oficiais, sim, mas, em especial, os jovens que um dia estarão em combate. Minha mensagem é muito importante para aqueles que talvez acabem segurando uma arma.

Toda vez que falo em uma escola, digo: "Por favor, levantem a mão todos aqueles que disseram 'Mãe, eu te amo' quando saíram de casa esta manhã." Certa noite, voltei para casa e minha esposa falou: "Eddie, uma tal sra. Leigh ligou. Ela pediu para você ligar para ela."

Retornei a ligação e perguntei: "Sra. Leigh, a senhora queria falar comigo?"

"Queria, sr. Jaku. O que o senhor fez com minha filha?"

"Sra. Leigh, eu não fiz nada!"

"Pelo contrário! O senhor fez um milagre. Ela chegou em casa hoje, me abraçou e sussurrou no meu ouvido: 'Mãe, eu te amo.' Ela tem 17 anos! Tudo o que ela faz é discutir comigo."

Tento ensinar isso a todo jovem que encontro. Sua mãe faz tudo por você. Diga a ela que você é grato, diga a ela que você a ama. Por que discutir com as pessoas que você ama? Saia, pare uma pessoa que esteja jogando lixo na rua e discuta com ela. Há um milhão de pessoas melhores para discutir do que sua mãe!

Toda semana, eu acordava, beijava minha esposa, punha meu terno e ia ao Jewish Museum contar minha história. No início, eram crianças judias que vinham me ouvir. Depois, crianças de outras escolas de Sydney. Depois, da Austrália. E então os adultos (os professores, seus amigos, seus entes queridos) começaram a vir para ouvir o que eu tinha a dizer. Isso foi muito comovente para mim. Comecei a viajar, para perto e para longe, à medida que escolas, grupos comunitários, empresas, todo tipo de gente, jovens e velhos, começaram a entrar em contato comigo, pedindo-me para compartilhar as lições do Holocausto.

Um dia, recebi uma carta do governo da Austrália. Dizia que eu havia sido indicado por um médico proeminente para receber a medalha da Ordem da Austrália e que uma comissão estava considerando me conceder a honraria.

Em 2 de maio de 2013, fui com Flore e minha família até a sede do governo, em Sydney, onde, em uma cerimônia presidida pela governadora de New South Wales, Marie Bashir, recebi a medalha da Ordem da Austrália por serviços à comunidade judaica. Que honra! Que coisa maravilhosa. Em outra época, fui um refugiado sem pátria, que não conhecia nada além de tristeza. Agora, sou Eddie Jaku, medalha da Ordem da Austrália!

Depois, em 2019, fui procurado pela TEDx, uma organização que viabiliza palestras e discursos de todos os tipos de pessoas, no mundo inteiro, unidas pelo ideal comum de "ideias que merecem ser espalhadas". Queriam me ajudar a espalhar minha mensagem ao maior público possível, mais de cinco mil pessoas em um salão e outras centenas de milhares que assistiriam on-line. Em 24 de maio de 2019, subi ao palco para o que talvez tenha sido o maior discurso de minha vida. Nunca havia falado para milhares de pessoas de uma vez! Quando terminei, toda a plateia se levantou e não parava de aplaudir. Depois, centenas de

208

pessoas fizeram fila no salão só para apertar a minha mão ou me abraçar.

Desde que essa palestra está on-line, mais de 250 mil pessoas lhe assistiram. A tecnologia é incrível. Quando eu era criança, ainda enviávamos mensagens por telegrama e pombo-correio! E agora recebo mensagens de pessoas do mundo inteiro que ouviram minha história e foram inspiradas a entrar em contato e me dizer o quanto se comoveram. Outro dia, recebi uma carta escrita à mão de uma mulher nos Estados Unidos, uma completa estranha, que escreveu: "Em dezessete minutos, você me deu muito para pensar, isso mudou minha vida inteira."

Dá para imaginar? Até pouco tempo, eu relutava em compartilhar minha dor com quem quer que fosse. Mas isso foi antes de eu perceber que o que eu compartilho não é minha dor. Eu compartilho minha esperança.

Em 2020, fui indicado para o título de Cidadão Australiano Sênior do Ano, em New South Wales. Não venci, mas fiquei entre os quatro finalistas, o que não é nada mau para um centenário!

Continuarei contando minha história até quando puder. O museu judaico terá que me expulsar para fazer com que eu me aposente! Quando fico cansado, penso em todos aqueles que não sobreviveram para contar suas histórias. E em todos aqueles que estão feridos demais, depois de todo esse tempo, para contá-las. É por eles que eu falo. E por meus pais.

É difícil contar minha história. Às vezes, é muito doloroso. Mas pergunto a mim mesmo: o que acontecerá quando não estivermos mais aqui? O que acontecerá quando todos nós, sobreviventes, tivermos falecido? Tudo o que passamos será esquecido pela História? Ou seremos lembrados? É a vez da nova geração, dos jovens, aqueles com um desejo ardente de tornar o mundo melhor. Eles conhecerão nossa dor e herdarão nossa esperança.

Um campo está vazio, mas, se você se esforçar para cultivar algo, terá um jardim. E a vida é assim. Dê algo, algo virá. Não dê nada, nada virá. Cultivar uma flor é um milagre: significa que você pode cultivar mais. Lembre-se de que uma flor não é só uma flor, é o começo de um jardim inteiro.

Então continuo contando minha história a qualquer um que queira saber sobre o Holocausto. Se consigo alcançar apenas uma pessoa, já vale a pena. E espero que seja você, meu novo amigo. Espero que esta história siga com você.

EPÍLOGO

Setenta e cinco anos atrás, pouco depois da guerra, eu soube que um nazista havia sido preso na Bélgica por crimes de guerra e consegui vê-lo. Eu lhe perguntei: "Por quê? Por que você fez isso?"

Ele não conseguiu responder. Começou a tremer e chorar. Era menos que um homem, apenas a sombra de um homem. Quase senti pena dele. Ele não parecia mau. Parecia patético, como se já estivesse morto. E minha pergunta permaneceu sem resposta.

Quanto mais velho fico, mais eu penso: por quê? Não consigo evitar pensar nisso como se fosse um problema de engenharia que eu pudesse resolver. Se tenho uma máquina, posso examiná-la, diagnosticar o problema, descobrir o que deu errado e consertá-la.

A única resposta que consigo encontrar é o ódio. O ódio é o começo de uma doença, como um câncer. Pode matar seu inimigo, mas destruirá você no processo também.

Não culpe os outros por seus infortúnios. Ninguém jamais disse que a vida é fácil, mas ela é mais fácil quando você a ama. Se você odeia sua vida, torna-se impossível viver. É por isso que tento ser bondoso. Embora eu tenha sofrido, quero provar aos nazistas que eles estavam errados. Quero mostrar às pessoas que odeiam que elas estão erradas.

Então, não odeio ninguém, nem mesmo Hitler. Não o perdoo. Se o perdoasse, estaria traindo os seis milhões que morreram. Não há perdão. Quando digo isso, falo pelos seis milhões que não podem falar por si mesmos. Mas também vivo por eles e levo a melhor vida que posso.

Prometi, quando deixei para trás os momentos mais sombrios de minha vida, que seria feliz pelo tempo que restava dela e iria sorrir. Quando você sorri, o mundo sorri com você. A vida não é sempre felicidade. Às vezes, há muitos dias difíceis. Mas você deve se lembrar de que tem sorte por estar vivo — essa é uma sorte que todos nós temos. Cada respiração é uma bênção. A vida é bela se você permite quc scja. A felicidade está em suas mãos.

Setenta e cinco anos atrás, eu não pensava que teria filhos, netos e bisnetos. Estava no fundo do poço da humanidade. E agora, aqui estou.

Portanto, depois de fechar este livro, por favor, lembre-se de parar para ser grato por cada momento de sua vida:

os bons, os ruins. Às vezes, haverá lágrimas. Às vezes, haverá risadas. E, com sorte, haverá amigos para compartilhar tudo isso, como vim a descobrir ao longo da vida.

Por favor, todos os dias, lembre-se de ser feliz e de fazer os outros felizes também. Torne-se um amigo do mundo.

Faça isso por seu novo amigo Eddie.

AGRADECIMENTOS

Nunca pretendi escrever um livro e nunca pensei que o faria, apesar de ter sido incentivado por muitas pessoas ao longo dos anos e apesar de tantos de meus companheiros sobreviventes do Holocausto e amigos terem escrito suas experiências antes de mim.

Foi a abordagem da Pan Macmillan que por fim me convenceu a contar minhas experiências e registrar meus pensamentos na idade madura dos cem anos. Meus sinceros agradecimentos à publisher Cate Blake e ao escritor Liam Pieper. A Cate pela confiança no projeto e pela persistência, e a Liam pela sensibilidade e pela habilidade em transferir minhas palavras para as páginas.

Não menos importante para essa iniciativa foram o incentivo e a contribuição de minha querida família, minha amada esposa, Flore, e meus filhos, Michael e Andre.

Este livro é para eles e para meus netos, Danielle Jaku-
-Greenfield, Marc Jaku, Phillip Jaku e Carly Jaku; e meus
bisnetos, Lara, Joel e Zoe Greenfield, e Samuel e Toby
Jaku. E para minha família próxima e distante: os descendentes de minha irmã Johanna, Leah Wolf e Miriam
Oppenheim; meu tio Moritz Eisen (irmão de minha querida mãe) e minha tia Sala Dessauer (irmã de meu pai),
que deixaram a Europa e foram para a Palestina antes da
catástrofe. É também em memória de meus parentes que
foram assassinados pela mais cruel sociedade na história
da humanidade.

Para os seis milhões de judeus inocentes que não podem falar por si, e em memória da cultura, da música e do
grande potencial que pereceram com eles.

Para todos os amigos que fiz nos setenta e cinco anos
desde o Holocausto.

Devo reconhecer e agradecer ao Jewish Museum em
Sydney e à sua maravilhosa equipe, que sempre me incen-
tivaram a contar minha história aos jovens e idosos desde
a abertura do museu, em 1992. O museu tem sido como
uma segunda casa para mim, e sua equipe e seus voluntá-
rios, uma segunda família.

O inglês não é minha língua materna, e, com as limita-
ções da idade avançada, esta não foi uma tarefa fácil. Entretanto, espero que os leitores considerem que o esforço
valeu a pena.

Sozinhos não temos poder, mas juntos somos fortes.

Quero que o mundo seja um lugar melhor e espero que a humanidade possa ser ao menos um pouco restaurada com a leitura deste livro. Também quero dizer a você que nunca desista da esperança. Nunca é tarde demais para ser gentil, educado e um ser humano afetuoso.

Desejo a todos:

Boa sorte

Alles gute

Bonne chance

Seu amigo,

Eddie Jaku

1ª edição	AGOSTO DE 2021
reimpressão	MARÇO DE 2025
impressão	LIS GRÁFICA
papel de miolo	IVORY BULK 65 G/M²
papel de capa	CARTÃO SUPREMO ALTA ALVURA 250 G/M²
tipografia	CHRONICLE TEXT